稀见嘉兴抗战旧影集

嘉兴市图书馆 编

国家图书馆出版社

图书在版编目(CIP)数据

稀见嘉兴抗战旧影集 / 嘉兴市图书馆编.-- 北京:国家图书馆出版社, 2015.9
ISBN 978 -7 -5013 -5628 -7

Ⅰ.①稀… Ⅱ.①嘉… Ⅲ.①抗日战争—史料—中国—摄影集 Ⅳ.①K265.06 -64

中国版本图书馆 CIP 数据核字(2015)第 152596 号

书　　名 稀见嘉兴抗战旧影集
著　　者 嘉兴市图书馆　编
责任编辑 南江涛
封面设计 九雅工作室

出　　版 国家图书馆出版社(100034　北京市西城区文津街 7 号)
(原书目文献出版社　北京图书馆出版社)
发　　行 010 -66114536　66126153　66151313　66175620
66121706(传真),66126156(门市部)
E - mail btsfxb@ nlc. gov. cn(邮购)
Website www. nlcpress. com→投稿中心
经　　销 新华书店
印　　装 北京信彩瑞禾印刷厂
版　　次 2015 年 9 月第 1 版　2015 年 9 月第 1 次印刷

开　　本 787 ×1092(毫米)　1/12
印　　张 28

书　　号 ISBN 978 -7 -5013 -5628 -7
定　　价 120.00 元

《稀见嘉兴抗战旧影集》编委会

目　　录

序

嘉兴地处苏杭之中心、江南之要冲，自古富庶繁华，素为兵家必争之地。1843年上海开埠之后，嘉兴因其地缘优势而得近代风气之先，然亦因地近沿海而屡遭外敌之觊觎，终在江浙抗战史上留下浓墨重彩之一笔。

1932年中日两军首次在上海交锋时，嘉兴便是重要的后方战略枢纽，因此多次受到日军的空中威胁。为再次迎战东来之敌，国民政府兴建了苏嘉铁路、嘉兴机场以及多条战备公路，又将苏浙国防工程浙江部分最重要的防御工事设在嘉兴境内，同时成立了苏浙边区绥靖公署，可见嘉兴在全面抗战爆发前已成为拱卫民国首都南京和浙江全省的第一道防线。

1937年淞沪会战爆发后，嘉兴再度成为沟通前线与后方的区域中枢，来往军队和逃亡民众络绎不绝，境内各地因此遭到了日军飞机长达三个多月的疯狂轰炸。11月5日，日军在金山卫偷袭登陆后，国民政府军队在嘉善展开了七昼夜的阻击战，粉碎了日军围堵淞沪主战场的企图。然而由于战局无法挽回，境内各地纷纷失守，嘉兴遂成为浙江最早沦陷的地区，日军的烧杀淫掠和殖民统治给嘉兴经济、社会和民众生活造成了致命摧残。

有侵略必有抵抗，在中国军队重返境内之前，民间抗日武装就已风起云涌，两股力量的结合迫使日军及其豢养的傀儡政权只能龟缩在个别城镇和交通线上。1939年周恩来在故乡绍兴目睹军民北上嘉兴后，挥毫写下了“冲过钱塘江，收复杭嘉湖”十个大字。但嘉兴毕竟是日伪统治的核心区域，其疯狂扫荡导致斗争环境不断恶化，抗日军民为此付出了巨大的牺牲。

太平洋战争爆发后的1942年，日伪将95%的浙江“清乡区”集中于嘉兴，妄图彻底消灭抗日力量，进一步掠夺鱼米之乡的各种资源，但在我方的强势反攻下，不到两年就宣告破产。丧心病狂的日军在投降前夕犹作困兽之斗，但最终逃脱不了彻底败亡的宿命，曾经践踏嘉禾大地的日军战犯和罪大恶极的汉奸[①]都受到了国内外军事法庭的严厉惩处，八年抗战取得了最终的胜利。

---

① 如进犯嘉兴后参与南京大屠杀的两支主力部队第6师团的师团长谷寿夫、野战重炮兵第13联队的联队长桥本欣五郎（2013年发掘的“石田炮兵部队奋战之地”石碑上即有此人）、嗜杀成性而被称为“嘉善之狼”的松本洁。汉奸有汪伪浙江省政府主席兼“清乡委员会”驻浙办事处主任傅式说、伪嘉兴县县长金建宏等。

以上嘉兴抗战史常见诸文字，而呈现在读者面前的这部《稀见嘉兴抗战旧影集》，不仅首次运用千余幅稀见的图片重新诠释了这段烽火岁月，而且具有鲜明的学术特色——每一张图片都经过严格甄别并通过各种史料进行仔细考证，尽可能地明确时间、空间、人物、事件等关键要素，避免张冠李戴①、混淆史实、授人以柄②，因此堪称同类图册中的上乘之作。

众所周知，历史研究的对象越小、时段越短，资料搜集和研究考订的难度也就越大。但本书仍在嘉兴抗战这一相对较小的对象和时段上以“稀见”作为遴选标准，摒弃国内现有出版物中常见的图片，仅对部分解读不当者作了修正和补充。之所以有这样的水准和气度，离不开嘉兴市图书馆多年来对地方文献的孜孜以求，也离不开我校青年教师——关注抗日战争史、江南区域史近二十年的岳钦韬博士的搜集研究。此外，这部图册的问世也使得许多罕见的日方“写真帖”、日军相册等摆脱了揽入私藏或流落市场的命运，实现了纸质文献的再开发。此举不仅为繁荣地方文化做出了新的贡献，而且进一步加强了与学术界的联系。这也是嘉兴市图书馆多年来不断创新突破，引领我国图书馆事业发展转型的内在延续。

前事不忘，后事之师！值此中国人民抗日战争暨世界反法西斯战争胜利七十周年之际，我们谨以此书缅怀抗日先烈，祭奠死难同胞，铭记屈辱历史，实现中华之梦！是为序。

上海师范大学人文与传播学院院长
中国慰安妇问题研究中心主任
历史学系教授、博士生导师
蘇智良
2015 年 1 月 1 日

---

① 如将常熟梅李镇误作古称“梅里”的嘉兴王店镇，或将日军在长江沿岸登陆的照片用作金山卫登陆，亦或将河北廊坊火车站作嘉兴站。

② 日本右翼学者东中野修道、小林进、福永慎次郎三人于 2005 年出版《南京事件“証拠写真”を検証する》一书，对 143 张反映日军南京大屠杀暴行的图片进行逐一“检证”，最终竟认为可以作为屠杀证据的图片一张也没有，中日两国学者程兆奇、曹必宏、渡边久志等人随即作了严正批判。所以为了避免再给日本右翼留下“作伪证”的把柄，我们必须对反映日军侵华罪证的图片进行严格鉴别。

第一篇
嘉兴抗日救亡的开端

1.蓄谋已久的侵华准备

说明:日本侵华蓄谋已久,进入昭和时代后加快了侵略步伐。1929年日本间谍绘制了钱塘江海塘、京杭运河、嘉善塘、平湖塘三条嘉兴境内的主要水道及其支流的地图,并标注了详细的水文情况。

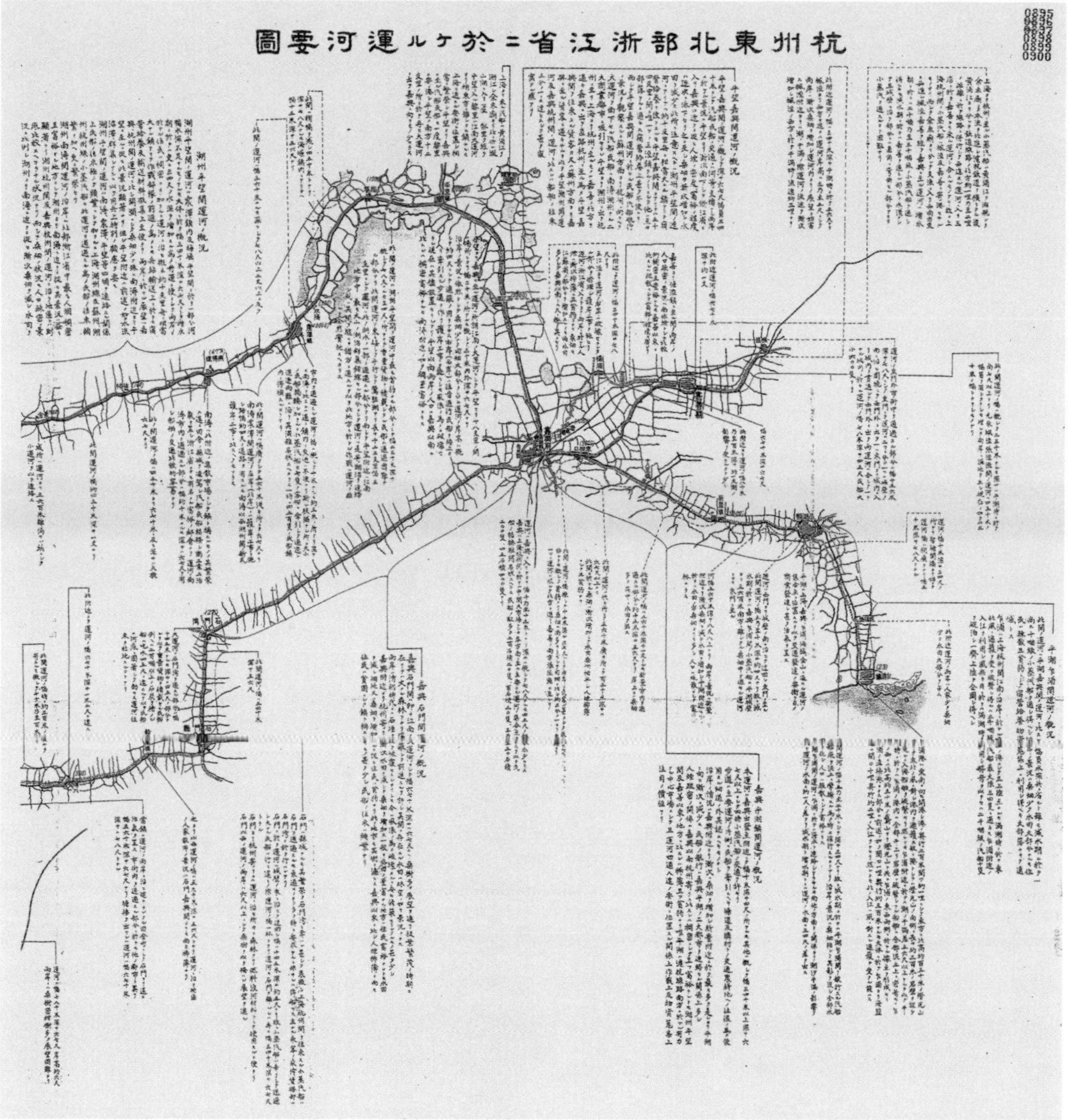

浙江省杭州东北部河道要图

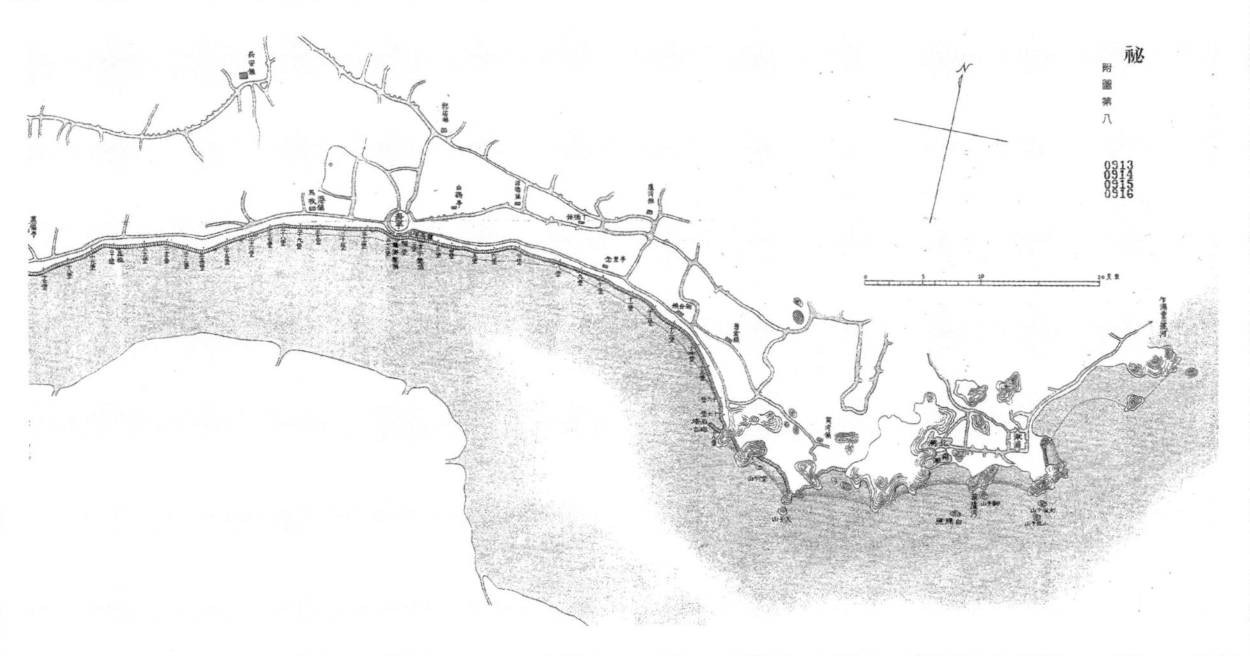

钱塘江澉浦至老盐仓段海塘图

2.1931 年九·一八事变后，嘉兴县教育机关举行抗日救国宣传品展览会

展览会入口处

县立韭溪小学陈列室

县立荐桥小学陈列室

县立集贤小学陈列室

3.淞沪抗战时期日军绘制的国民政府军力布置图

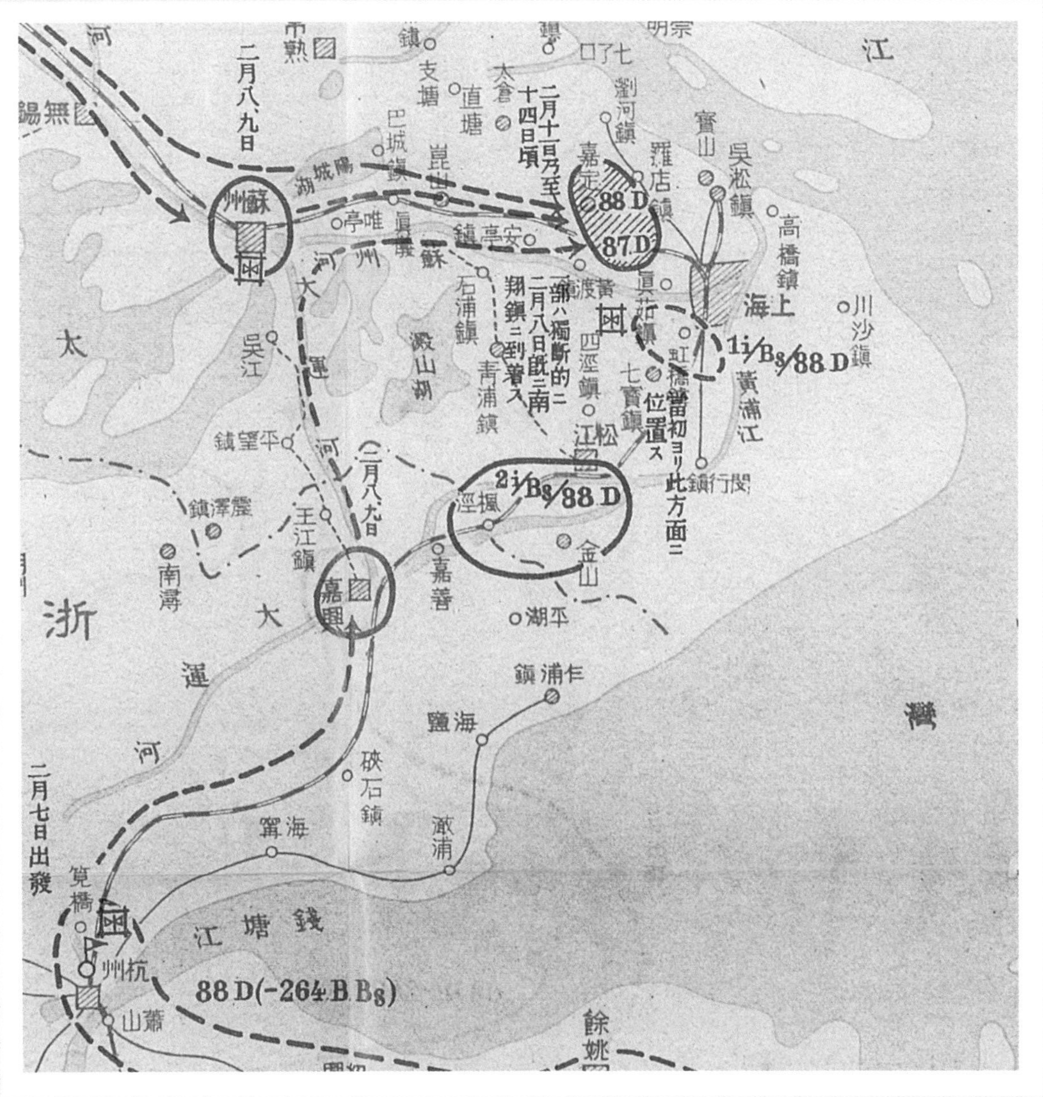

说明：1932年一·二八淞沪抗战爆发后，嘉兴虽未遭战火，但仍处于前线地区，第88师一部驻扎嘉善、枫泾至松江一带，随时准备支援上海战场，嘉兴也成为军队运输的必经之地。

4.1933 年嘉兴开展了大规模的抵制日货运动,图为组织者正在焚毁日货

5.参加 1933 年美国芝加哥博览会揭露明代倭寇暴行的“血印和尚”照

说明:血印寺的“血印和尚”相传为倭寇所杀,因此地方人士将此照片放大后带到芝加哥博览会上展出,以此控诉明代以来日本的侵华野心。

6.1930 年代国民政府绘制的桐乡、崇德、平湖三县地图

说明：图中的区划和地名与今日已有很大的差别，如崇德已于 1958 年并入桐乡，因此这些地图有助于我们了解抗战时期的嘉兴。

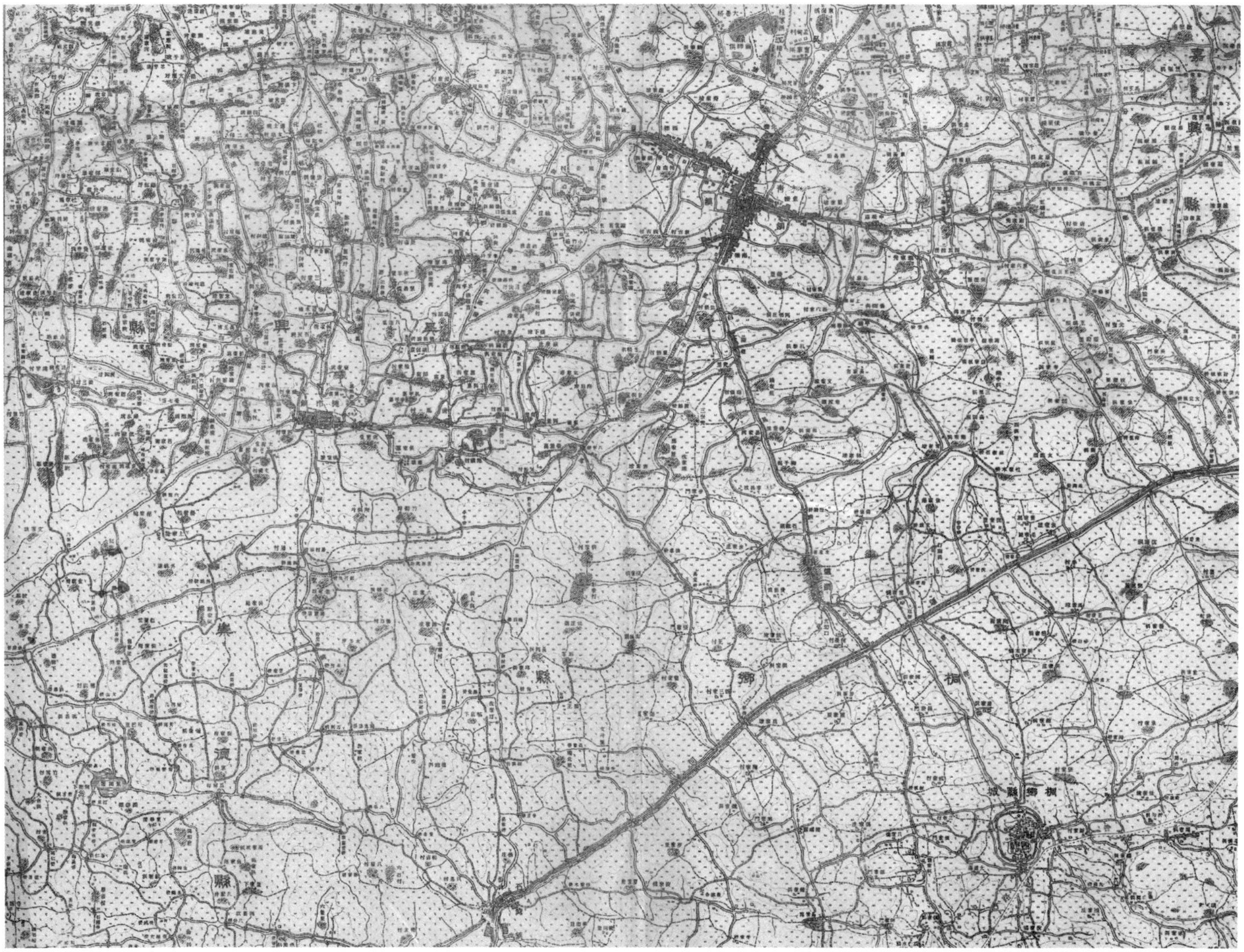

桐乡至乌镇一带地图

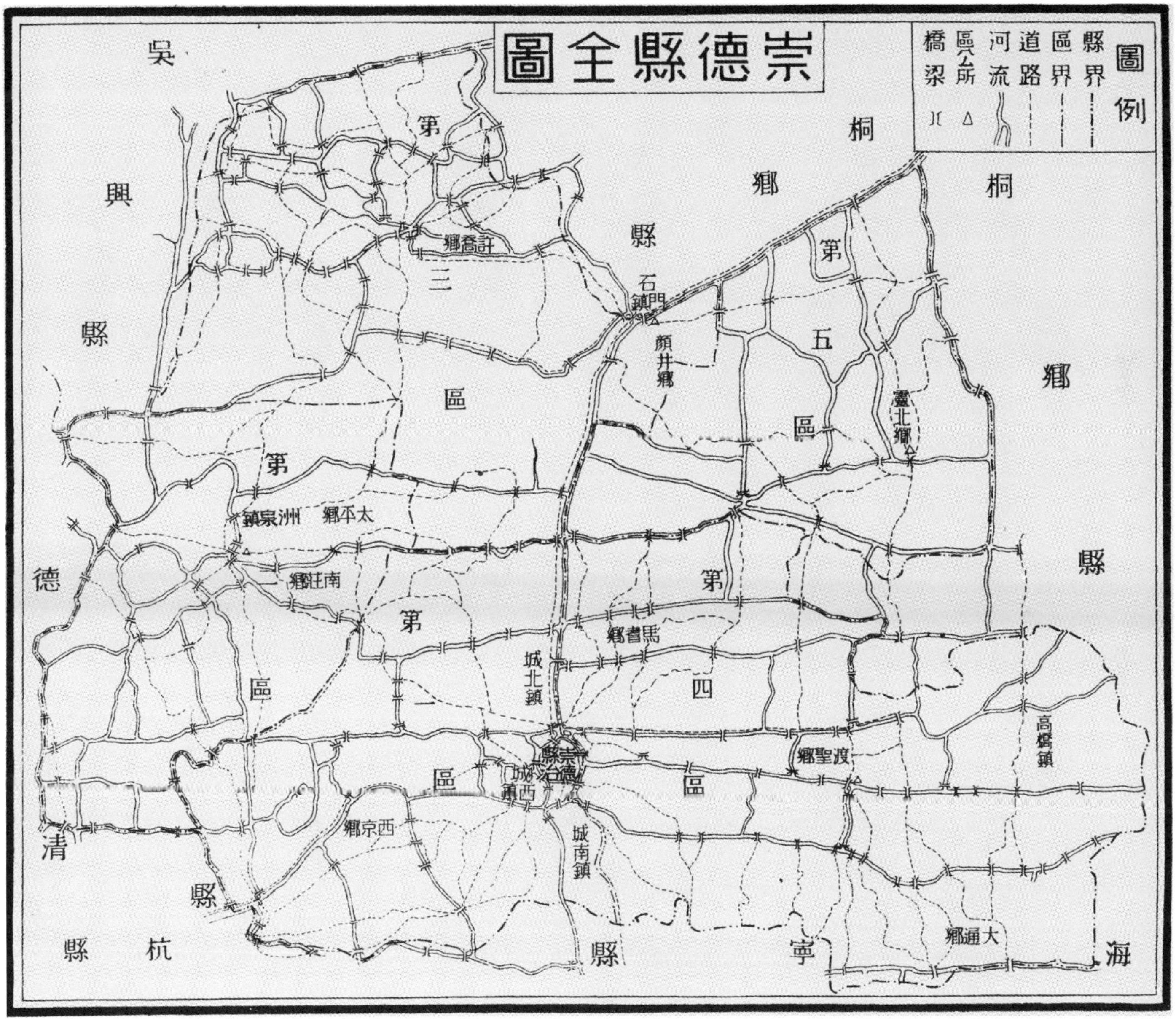
崇德縣全圖
圖例
縣界
區界
道路
河流
區公所
橋梁
吳興縣
桐鄉縣
德清縣
杭縣
海寧縣
第三區
第五區
第四區
第二區
第一區
石門鎮
顏井鄉
臺北鄉
洲泉鎮
太平鄉
城北鎮
高橋鎮
崇德縣治
城西鎮
城南鎮
西京鄉
大通鄉

崇德县地图

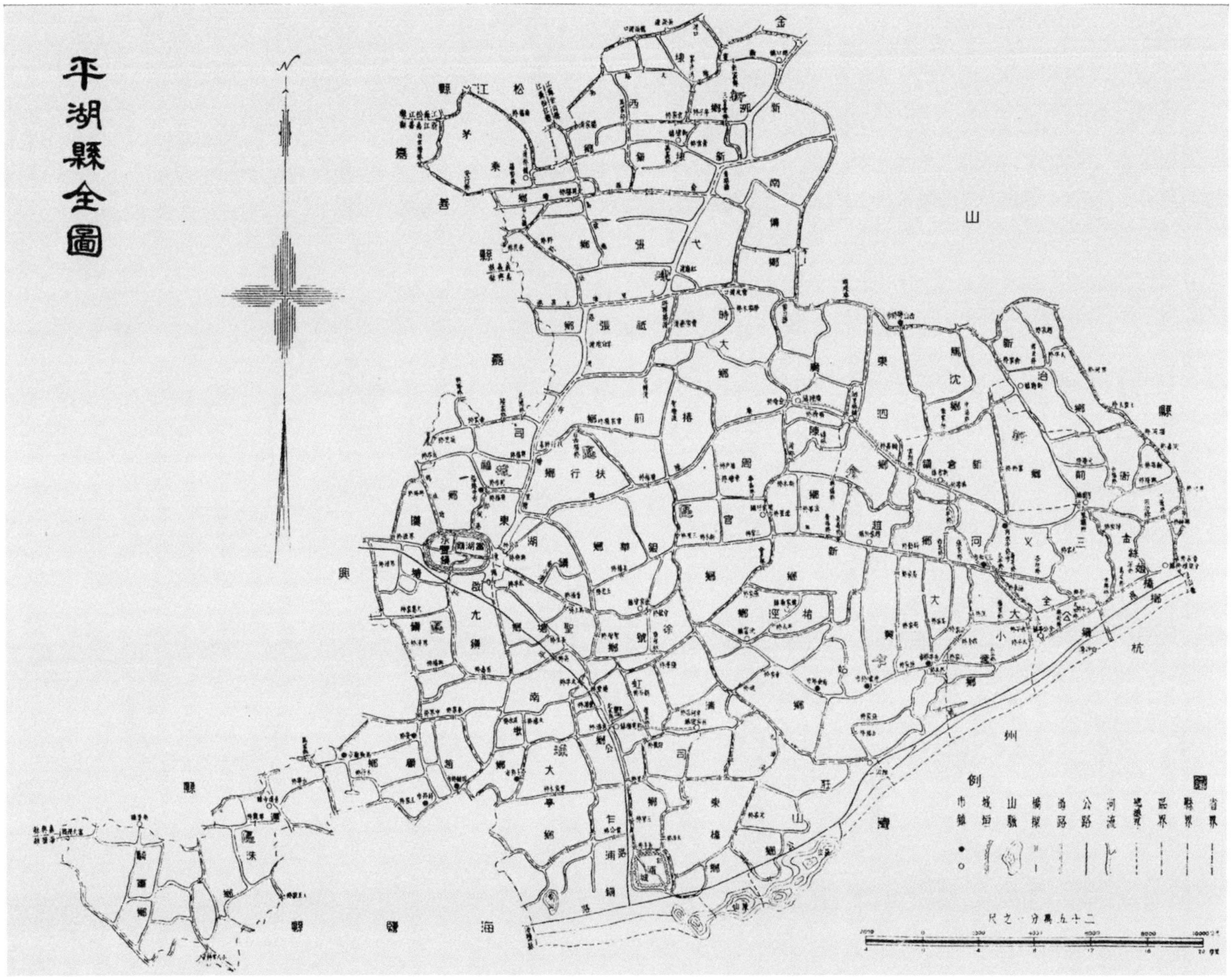

平湖县地图

7.构筑国防工事

公署主任张发奎

第 55 师师长李松山

第 57 师师长阮肇昌

说明:1935 年,驻嘉兴的国民政府军第 57 师等部开始兴建乍嘉线(乍浦至嘉善)、海嘉线(海盐至嘉兴)以及杭州湾沿海防线等国防工事。次年苏浙边区绥靖公署成立,进一步推动了该工程的建设。

嘉兴附近伪装成土墩的地堡

嘉善境内的隐蔽工事

枫泾附近的碉堡

乍浦附近山坡上的隐蔽工事

乍浦炮台的 24 厘米加农炮

8.国防铁路、公路的建设

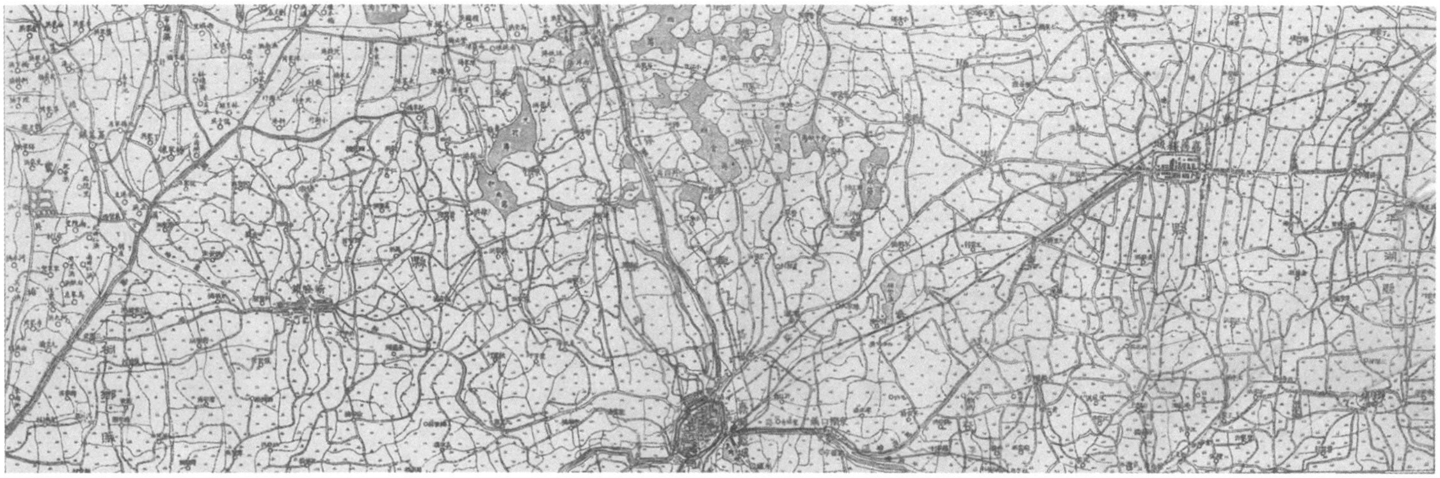

1937 年 6 月印制的嘉兴北部地区地图，图中有苏嘉铁路、杭善公路、焦善公路等重要国防交通线

苏嘉铁路王江泾站

说明：1932 年淞沪抗战后，国民政府出于国防战备需要而决定新建该路绕开上海。1934 年春开始勘测，次年 2 月 22 日开工，1936 年 7 月 15 日通车，从苏州沿运河南下至嘉兴，境内新建王江泾一站。

1936 年杭善公路第一段(桐乡至嘉兴)在嘉濮乡(今濮院附近)征集壮丁筑路情景

1936 年 4 月嘉兴县征集工人修建嘉东公路

9.民众军事训练的开展

1936 年省立嘉兴民众教育馆青年团举行军事训练

说明：民众教育馆于 1936 年 2 月在平湖成立，在乍浦要塞区分设一部。

馆长训话

青年团妇女队队员

妇女队举行防毒演习

妇女队劳动服务

1936 年嘉兴女童子军举行消毒演习

1937 年秀州中学举行军事训练，图为军体操训练

秀州中学学生进行模拟格斗

匍匐前进

匍匐射击

投掷手榴弹

1936 年嘉兴举行妇女训练活动，船娘也加入了受训行列

1937 年初船娘继续接受训练

船娘接受课堂教育

船娘接受身体训练

10.战争的逼近

说明：1937 年 4 月，嘉兴城防司令部成立，第 56 师师长刘和鼎任司令，浙江省第二区行政督察专员公署专员王先强(原嘉兴县长)任副司令。

刘和鼎

王先强

11.1937 年 6 月 7 日，国民政府军事委员会副委员长冯玉祥由苏州抵达嘉兴，视察境内的备战情况

12.1937 年 7 月日方绘制的《支那抗日作战体势图》

说明：此图为 1937 年 7 月下旬日本“东洋协会调查部”绘制，图中标记了澉浦要塞等境内重要的国防设施，侵华战争已箭在弦上。

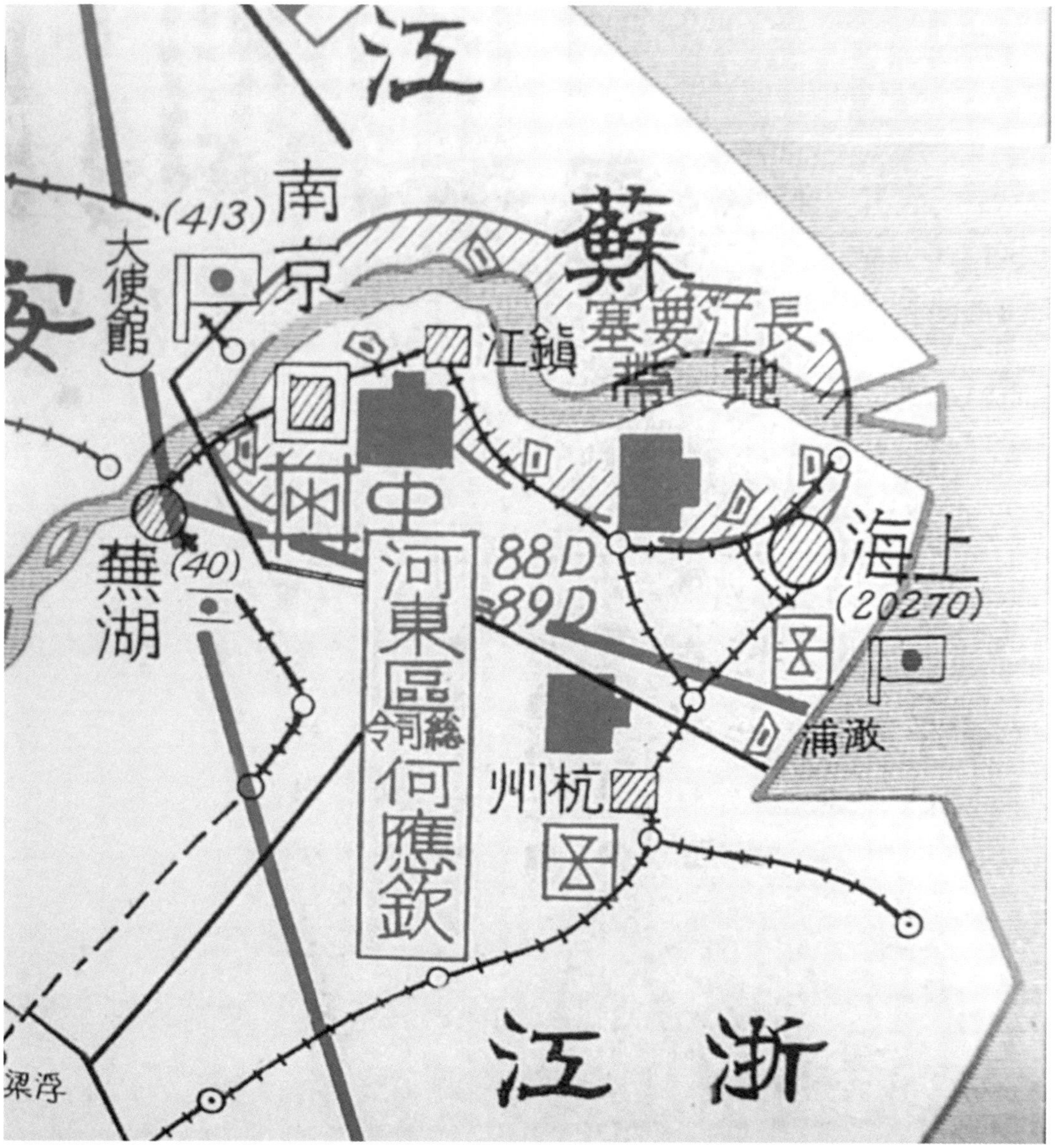

13.1937 年 8 月淞沪会战爆发前夕日军测绘的《上海南京附近五十万之一地志图》

说明：图中标注了境内主要河道的地理情况以及日军计划登陆的地点——澉浦附近的水文条件，因此属于绝密级别。日方认为澉浦附近满月前后潮水会暴涨，水流湍急，汽船无法航行，而在秦山以东登陆是合适的。

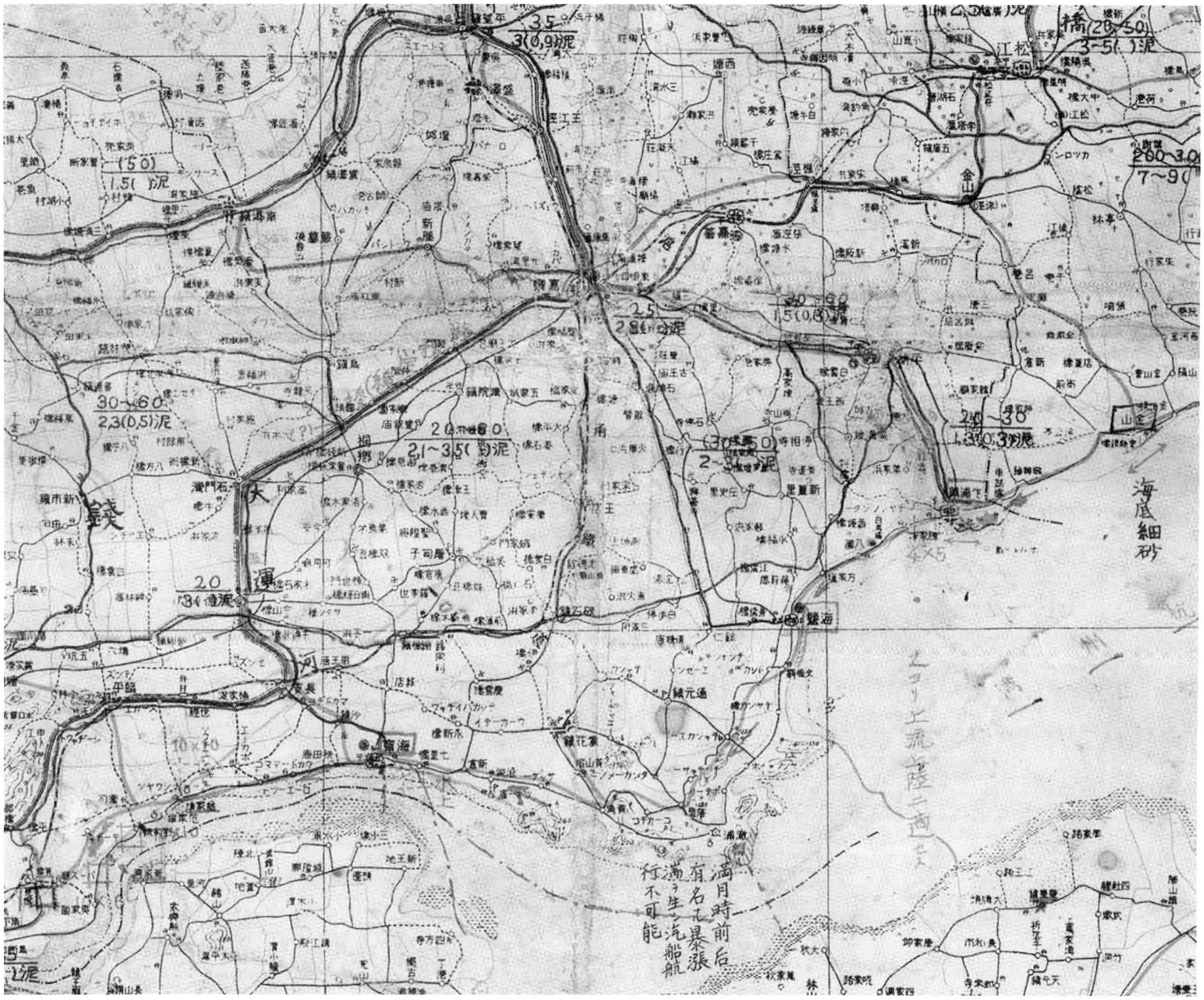

第二篇
日军金山卫登陆前的嘉兴

1.抗战爆发后,中央航空学校(杭州笕桥)暂编大队第32中队驻嘉兴机场,8月16日凌晨4时9架日军飞机轰炸机场,黄保珊与吴纪权起飞迎战,但不幸被击中,机毁人亡

黄保珊，江苏江宁人，第32中队中尉分队长

吴纪权,安徽合肥人,第32中队少尉队员

八九月间，一旦敌机来犯，驻嘉空军随即出发迎击

驻嘉空军迎击日机

2. 8月17日，日军飞机轰炸沪杭甬铁路硖石站

说明：通过地图考证，该地并非日方在原图中所标注的嘉兴站。

驾机轰炸的日军刽子手
——海军中尉西胁英男

轰炸嘉兴的日本海军指挥官
吉泽政明

3. 8 月 20 日的第三战区作战地区分配情况图

说明：嘉兴属于杭州湾北岸守备区。

4. 8 月下旬组建的第 10 集团军进驻嘉兴

说明:8 月 23 日,日军在吴淞、宝山一带登陆,淞沪战事扩大,第 8 集团军总司令张发奎率驻嘉兴的 55、56、57 师等部开赴前线,第 10 集团军第 62 师、63 师进驻嘉兴、平湖、海盐。

集团军总司令刘建绪

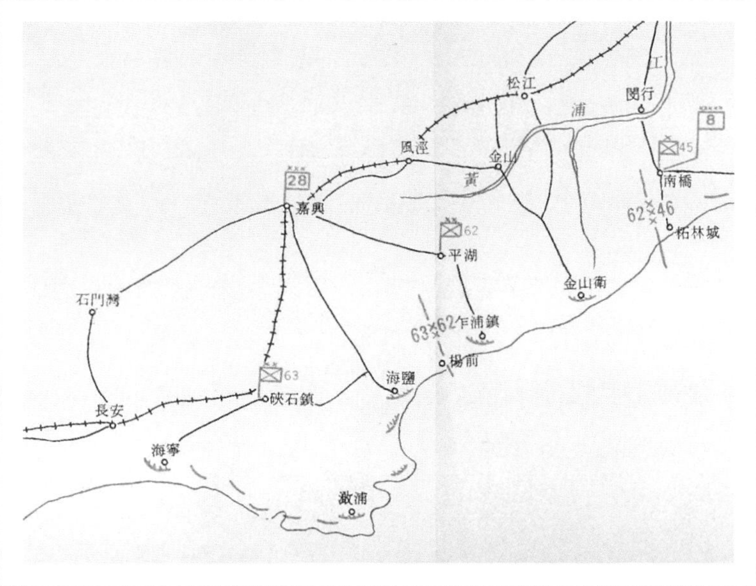

9 月 4 日至 10 日第 62、63 师杭州湾北岸防御图

5.抗战爆发初期辞职的海宁县县长黄曝寰

说明:黄为农业专家,曾任中央大学教授,因无法应对战争局面而于 9 月 4 日称病辞职,由驻军第 63 师训政处处长王翦波继任。

6.日本国内发行的《上海南京附近明细图》

说明：9 月 25 日本《读卖新闻》报社为配合侵略战争而发行了《上海南京附近明细图》。图中的苏嘉、杭善公路的走向都不准确，而沿海盐塘的公路实际上根本不存在。

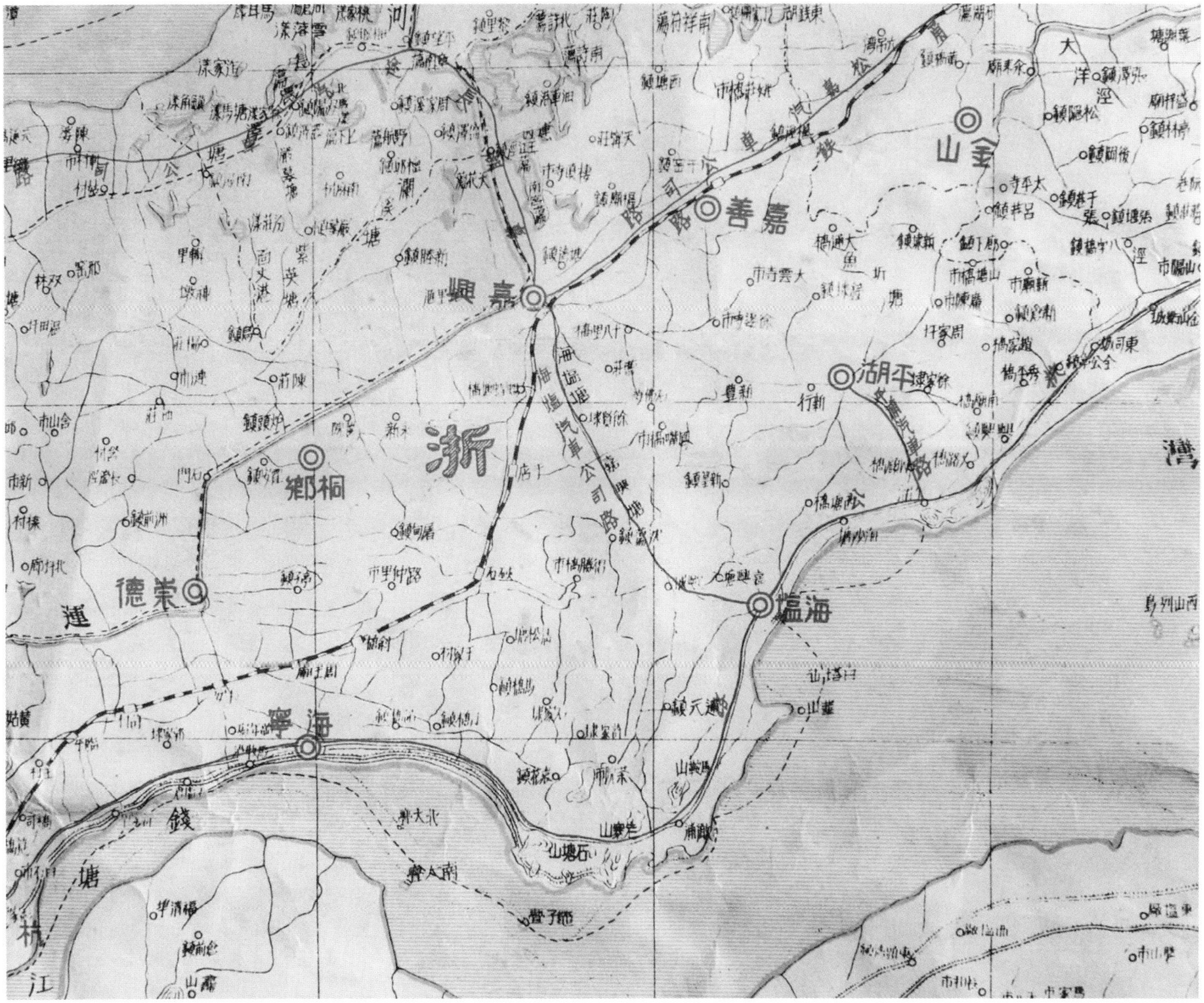

7.嘉兴民众支援淞沪前线

嘉兴民众进行军事训练，随时准备支援淞沪前线

在为部队生产食品的“标准光饼制造所”中,这三位来自嘉兴的工友所制作的饼调粉最匀、式样最圆、火功最好、出品最快,因此成为表率

8.日军飞机疯狂轰炸嘉兴

说明：嘉兴火车站是沪杭甬铁路、苏嘉铁路的交汇处，淞沪会战爆发后上海－南京和南京－杭州间的铁路运输都必须经过此站，因此从 8 月 17 日至 11 月中旬不断遭到日军飞机的轰炸和扫射，惨烈程度日甚一日。

9 月 19 日日机轰炸嘉兴站，机车房被炸，机车受损

站旁的升平楼(茶馆)被炸，49 人身亡

敌机炸弹爆炸后的弹片，长 14 英寸，重 550 克

10 月 3 日嘉兴站被 8 架敌机狂轰滥炸后的混乱情形

说明：当天下午 1 点 05 分，8 架敌机从东北方向飞至嘉兴站上空，随即投弹 17 枚（一说烧夷弹 30 余枚）并用机枪扫射，共计炸毁头、二、三等客车 5 辆、货车 3 辆，路轨、天桥、月台均被炸，电线也被炸断。旅客死 4 人，伤 20 余人，车站路一带十余间民房遭到破坏。

被炸得粉碎的客车车厢

被炸列车内部惨状

被炸毁的客车

被炸客车全貌

被炸毁的 3 辆货车

车上货物全部被烧毁

行李车爆炸后燃烧

北面月台及列车均被炸毁

东货栈栈房被毁情形

一名旅客胸部被炸穿，内脏外流，惨不忍睹

一名候车的旅客被炸死后倒在站旁的草丛中

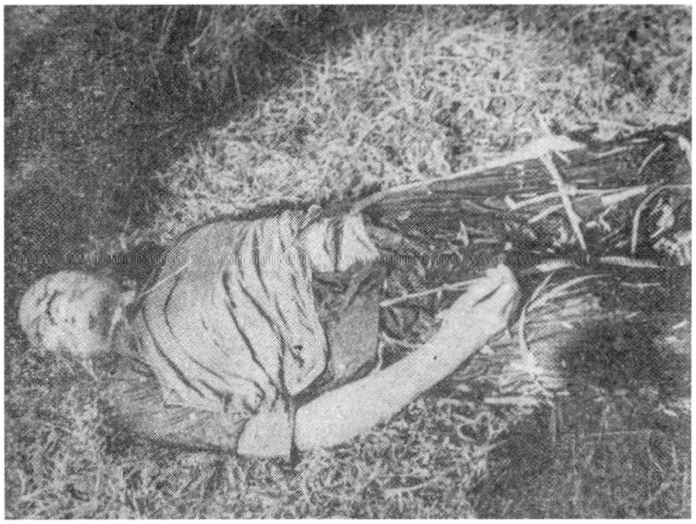

被日机扫射致死的妇女

车站附近的一位平民妇女不幸被炸弹碎片击中而死

世界红卍字会成员前来救护伤员、掩埋尸体

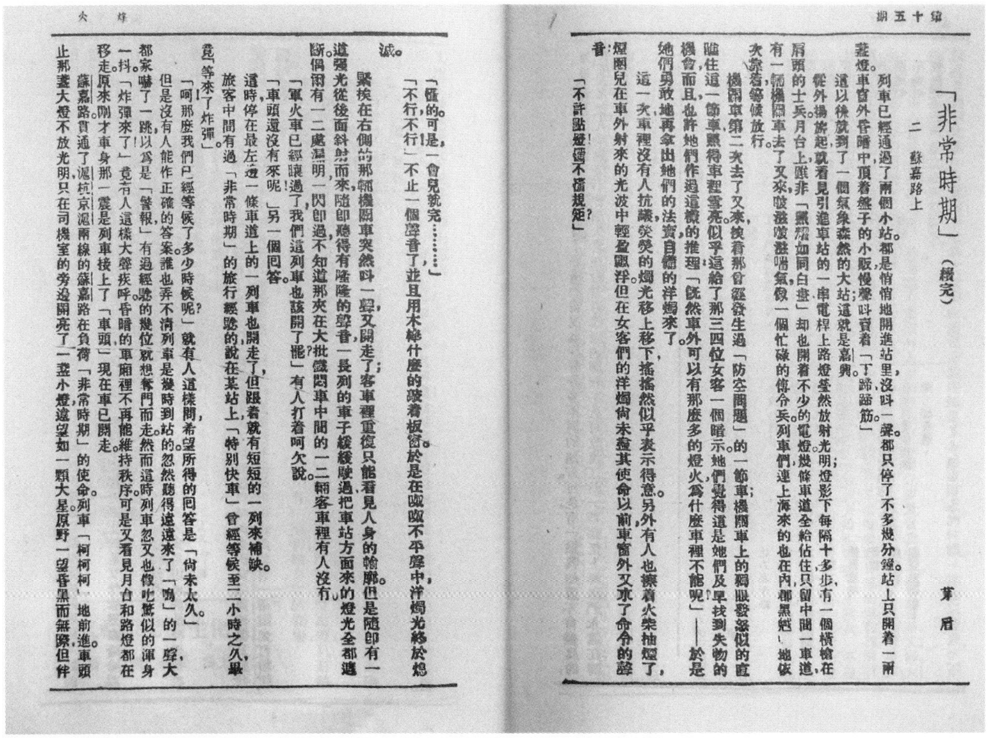

第十五期

「非常時期」（續完）　茅盾

二　蘇嘉路上

列車已經過了兩個小站。都是悄悄地開進站里，沒叫一聲。都只停了不多幾分鐘。站上只開着一兩盞燈。車窗外昏暗中頂着盤子的小販慢聲叫賣着「丁蹄蹄筋」。

這以後就到了一個氣象森然的大站；這就是嘉興。

從外揚旂起就看見引進車站的一串電桿上路燈瑩然放射光明；燈影下每隔十多步，有一個橫槍在肩頭的士兵。月台上，雖非「燈燭如同白晝」卻也開着不少的電燈。幾條車道全給佔住，只留中間一車道有一輛機關車去了又來，吱嗞吱嗞喘氣，像一個忙碌的傳令兵。列車們連上海來的也在內，都黑魆魆地依次靠着等候放行。

機關車第二次去了又來，挨着那曾經發生過「防空問題」的一節車；機關車上的獨眼發亮似的直臨住這一節車，照得車裡雪亮。似乎這給了那三四位女客一個暗示。她們覺得這是她們及早找到失物的機會，而且，也許她們作過這樣的推理「既然車外可以有那麼多的燈火，爲什麼車裡不能呢？」——於是她們勇敢地再拿出她們的法寶自備的洋燭來了。

這一次車裡沒有人抗議，熒熒的燭光移上移下，搖搖然似乎表示得意。另外有人也擦着火柴抽煙了，煙圈兒在車外射來的光波中輕盈飄浮。但在女客們的洋燭尚未盡其使命以前，車窗外又來了命令的聲音：

「不許點燈！還不懂規矩？」

烽火

「懂的。可是，一會兒就完……，」

「不行，不行」不止一個聲音了，並且用木棒什麼的敲着板窗。於是在嘰嘰不平聲中，洋燭光終於熄滅。

緊挨在右側的那輛機關車突然叫一聲，又開走了；客車裡重復只能看見人身的輪廓。但是隨即有一道强光從後面斜射而來，隨即聽得有隆隆的聲音，一長列的車子緩緩駛過，把車站方面來的燈光全都遮斷。偶爾有一二處漏明，一閃即過。不知道那夾在大批鐵悶車中間的一二輛客車裡有人沒有。

「軍火車已經讓過了，我們這列車也該開了罷？」有人打着呵欠說。

「車頭還沒有來呢！」另一個回答。

這時，停在最左邊一條車道上的一列車也開走了，但跟着就有短短的一列來補缺。旅客中間有過「非常時期」的旅行經驗的說在某站上，「特別快車」曾經等候至二小時之久，竟，等來了炸彈」。

「呵，那麼我們已經等候了多少時候呢？」就有人這樣問，希望所得的回答是「尚未太久。」

但是沒有人能作正確的答案。誰也弄不清列車是幾時到站的。忽然聽得遠遠來了「嗚」的一聲，大家都嚇了一跳，以爲是「警報」！有過經驗的幾位就想奪門而走。然而這時列車忽又也像吃驚似的渾身一抖。「炸彈來了！」竟有人這樣大聲疾呼。昏暗的車廂裡不再能維持秩序。可是又看見月台和路燈都在移走。原來剛才車身那一震是列車接上了「車頭」，現在車已開走。

蘇嘉路，貫通了滬杭京滬兩線的蘇嘉路在負荷「非常時期」的使命。列車「柯柯柯」地前進。車頭止那盞大燈不放光明，只在司機室的旁邊開亮了一盞小燈，遠望如一顆大星。原野一望昏黑而無際，但伴

茅盾先生的《非常时期·苏嘉路上》记述了他10月5日至6日从上海乘火车经嘉兴转赴苏州的艰难经历

嘉兴站月台被炸(具体时间无法确定，下同)

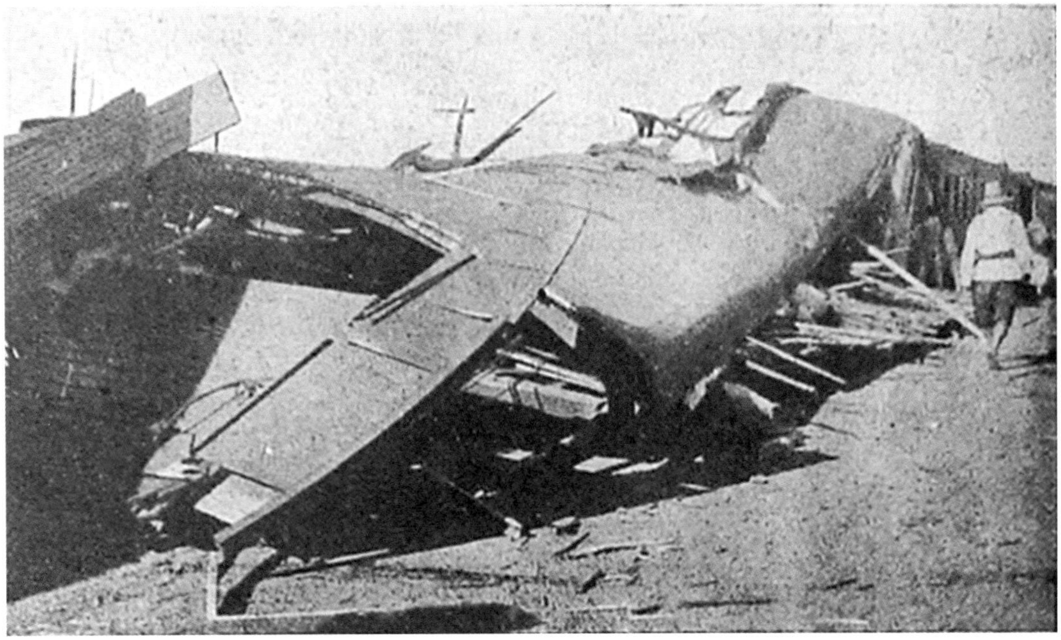

被炸列车

被炸列车之二

站房被炸

月台雨篷受损

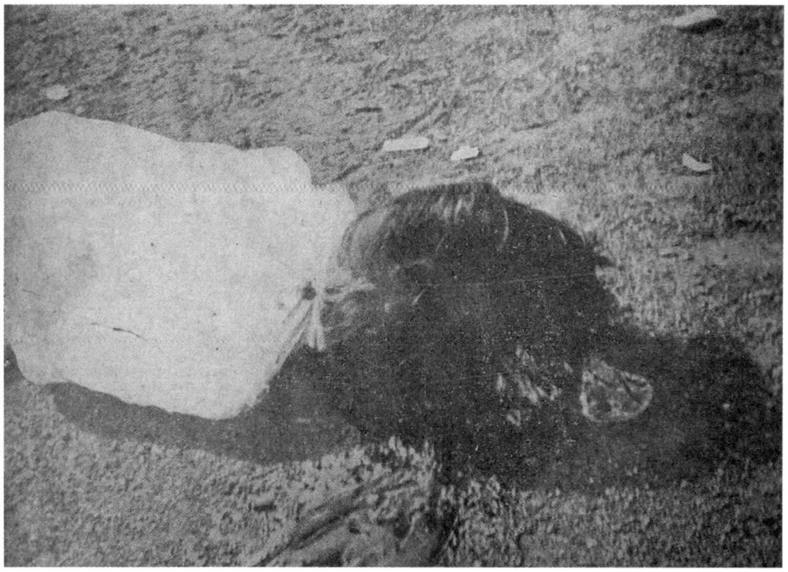

被炸死的女童

收容女尸

站旁仅余的民房被敌机的烧夷弹击中并起火燃烧。敌机经常攻击非战斗区内的建筑物和平民，即所谓的“无差别轰炸”

车站附近被炸毁的民房

站东的绍兴会馆存放的百余具灵柩全被炸毁，白骨狼藉，惨不忍睹。图为整理后的一具枯骨

9.面对敌机的疯狂轰炸,国民政府军队予以猛烈还击

我军击落日机地点分布图,嘉兴、王店位列其中

安设在苏嘉铁路沿线的我军高射炮向敌机开火

9 月 28 日被我军高射炮击落并坠毁于桐乡屠甸镇北喜宁桥的日机

10.旅外嘉兴籍文化人士纷纷投入到抗日救亡的宣传工作中

鲁迅先生的学生，著名文学编辑海盐人黄源撰写的《随军生活》。不久作者投笔从戎，赴皖南参加新四军

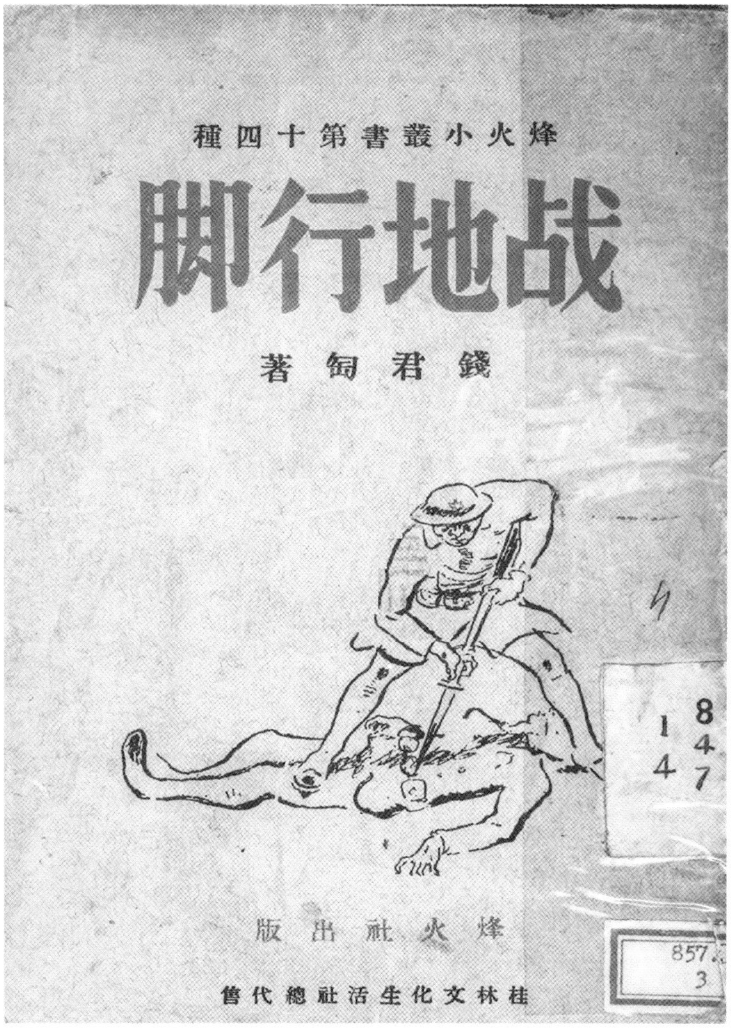

神州国光社编辑部主任，桐乡人钱君匋将其从上海经家乡前往皖南的经历汇编成《战地行脚》

第三篇
日军入侵嘉兴各地

1.日军金山卫—全公亭登陆

说明：11 月 5 日清晨 5 点 25 分，日军第 10 军趁大雾弥漫及我军调防之际在江苏金山卫至平湖全公亭线登陆，随即向我淞沪战场后方包抄，战争形势发生巨变。

第 10 军总司令柳川平助

第 10 军司令部全体军官

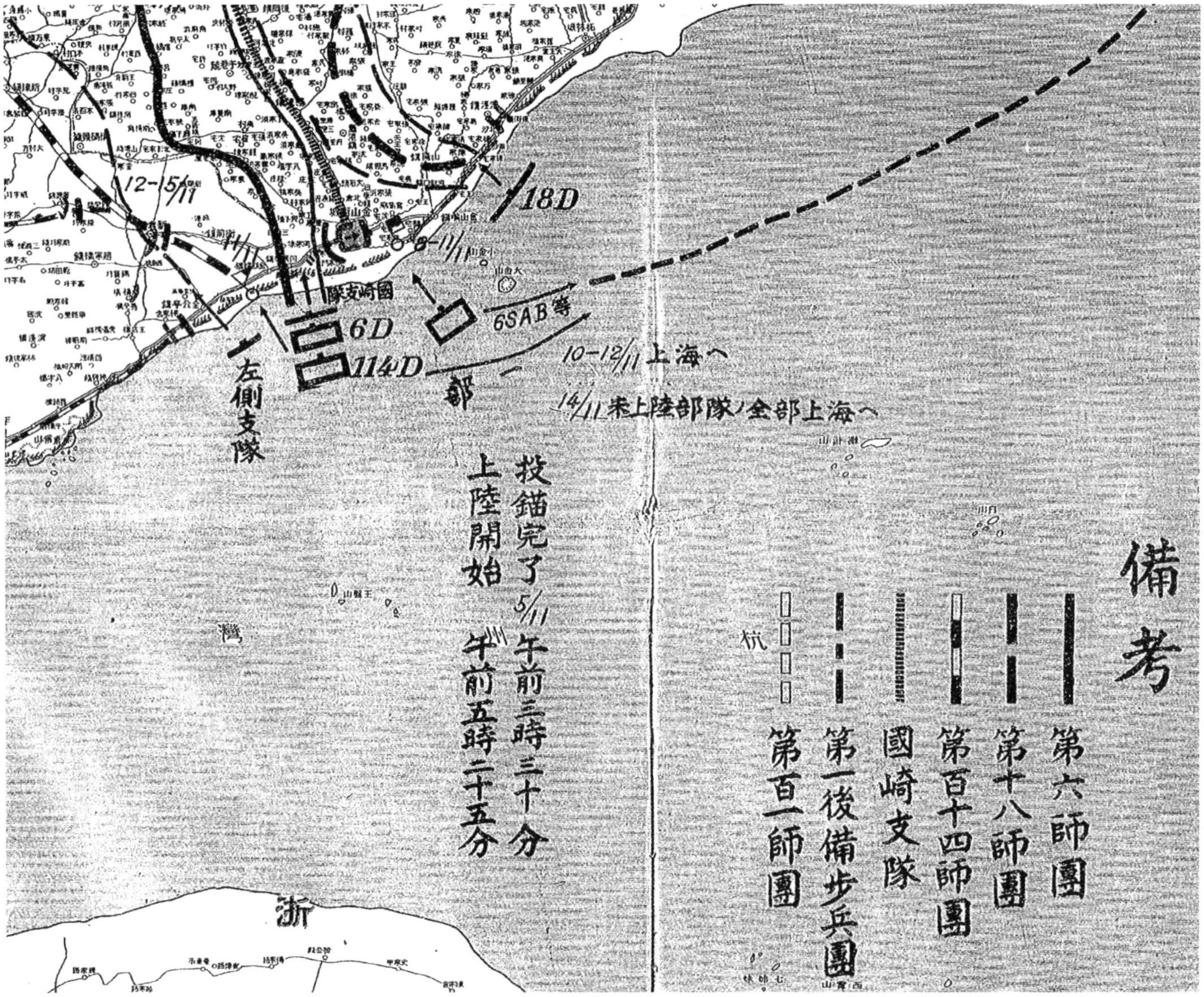

日军第 10 军各部登陆位置图

说明：第 6 师团在金山卫以西至平湖金丝娘桥一带登陆。第 18 师团主力在金山卫、金山嘴至漕泾一线登陆，小部队在平湖全公亭上陆。

日军登陆全景鸟瞰

登陆后侵占海塘的日军部队

日军登陆后放出“日军百万上陆杭州湾北岸”气球，事实上登陆部队总兵力仅约 10 万人，实为夸大其词

第 6 师团师团长谷寿夫(左)与第 114 师团师团长末松茂治

第 6 师团、第 18 师团率先登陆，第 114 师团、国崎支队等部随后登陆。十万恶魔向美丽富饶的杭嘉湖平原袭来，最终成为南京大屠杀的侩子手。

第 18 师团师团长牛岛贞雄（前排左四）、下属各部队长及其幕僚。该师团是入侵嘉兴的主力

三宅长盛部队(第 10 军军工部队)乘船抵达杭州湾

三宅长盛部队士兵登陆

三宅长盛部队登陆全景

日军先头部队登陆后架设栈桥以便后续部队登陆

第 114 师团步兵第 66 联队乘船侵入杭州湾

步兵第 66 联队登陆前从舰船上眺望杭州湾北岸

11 月 10 日登陆的步兵第 66 联队

步兵第 66 联队士兵登陆

步兵第 66 联队马匹等物资登陆

步兵第 66 联队登陆完毕

第 114 师团野炮兵第 120 联队登陆船队

野炮兵第 120 联队联队长大冢升(前排左四)及本部军官

11 月 8 日，日军飞机被吊至海面准备起飞入侵我领空

一架日机将从停泊在杭州湾的日军军舰上起飞

11 月 10 日，日军“名取号”巡洋舰上的海军“荒鹫”(战斗机)准备起飞

日海军飞机从军舰起飞轰炸境内各地，由于日机将平民作为轰炸目标而违反国际公约，日方新闻检查机构盖上了“不许可”的字样，禁止对外发布。

“名取号”巡洋舰

“荒鹫”准备起飞之二

登陆后的日军骑兵部队沿海塘进犯

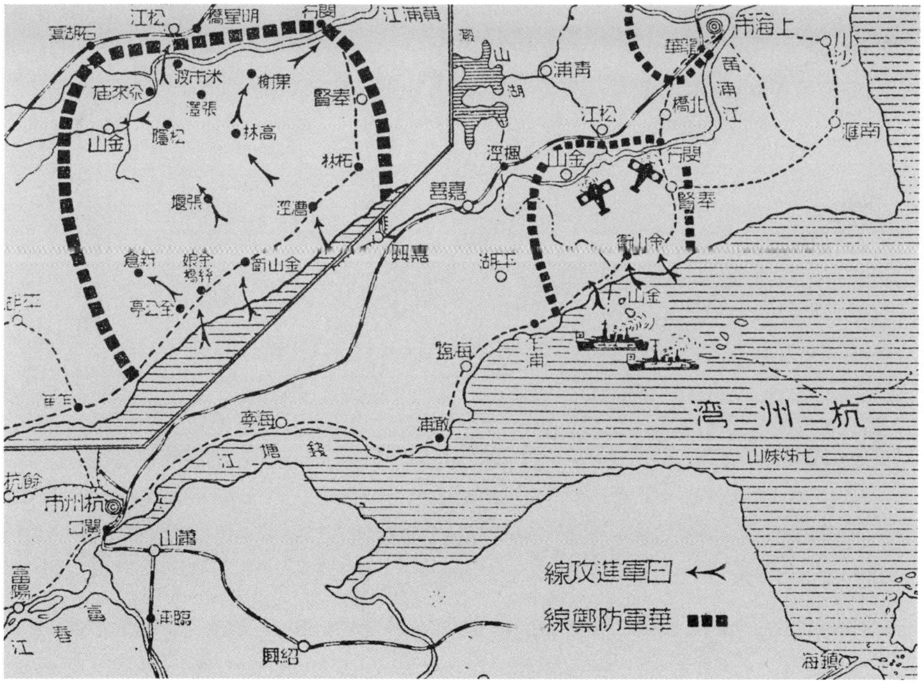

日军登陆后的进犯方向

说明：第 6 师团迅速北上进犯松江、青浦，阻止国民政府左翼军撤退，第 18 师团向枫泾、嘉善猛扑，与我右翼军正面遭遇。

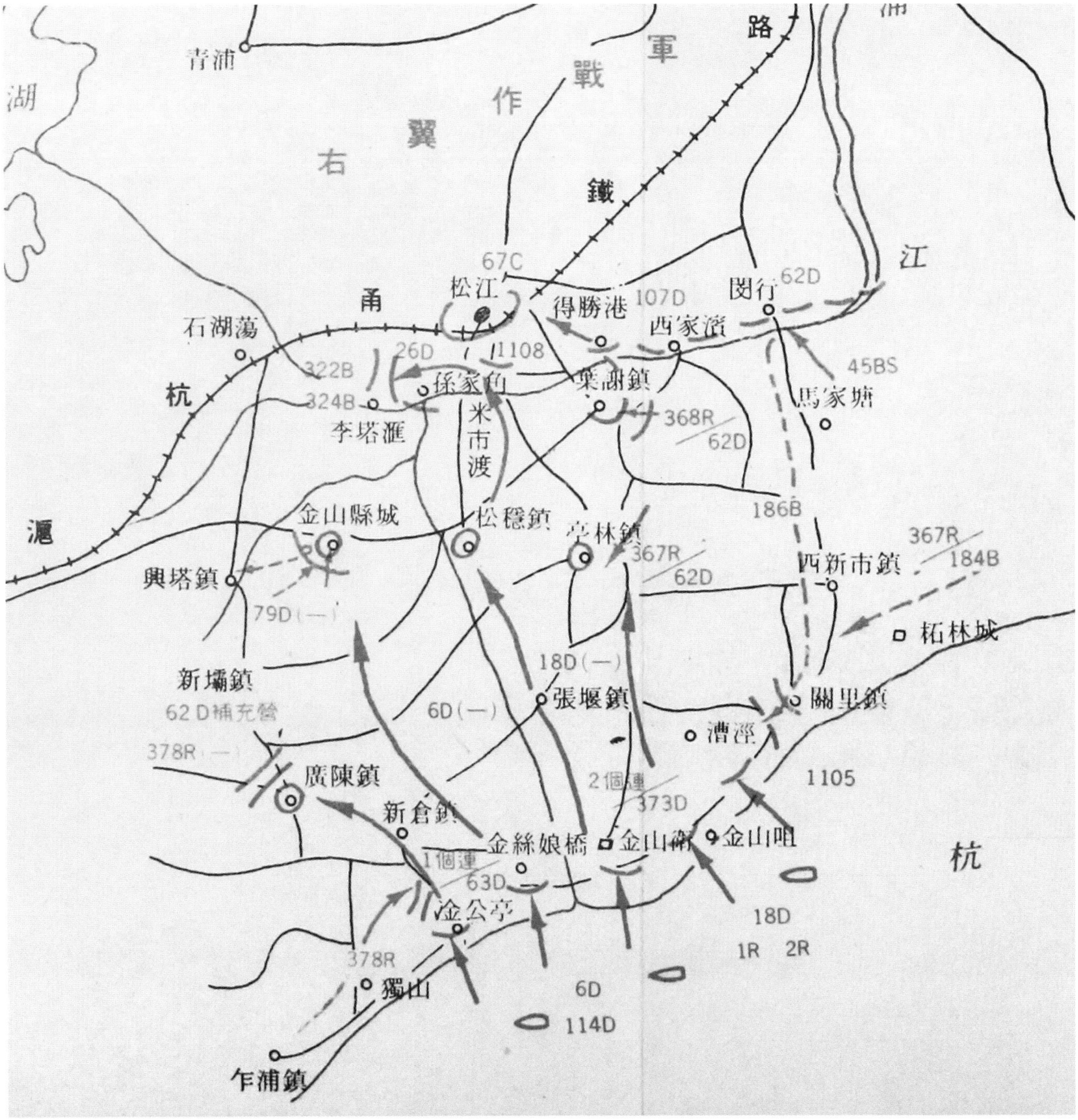

11 月 5–8 日日军登陆后与国民政府军交战图。浅色为我军,深色为日军

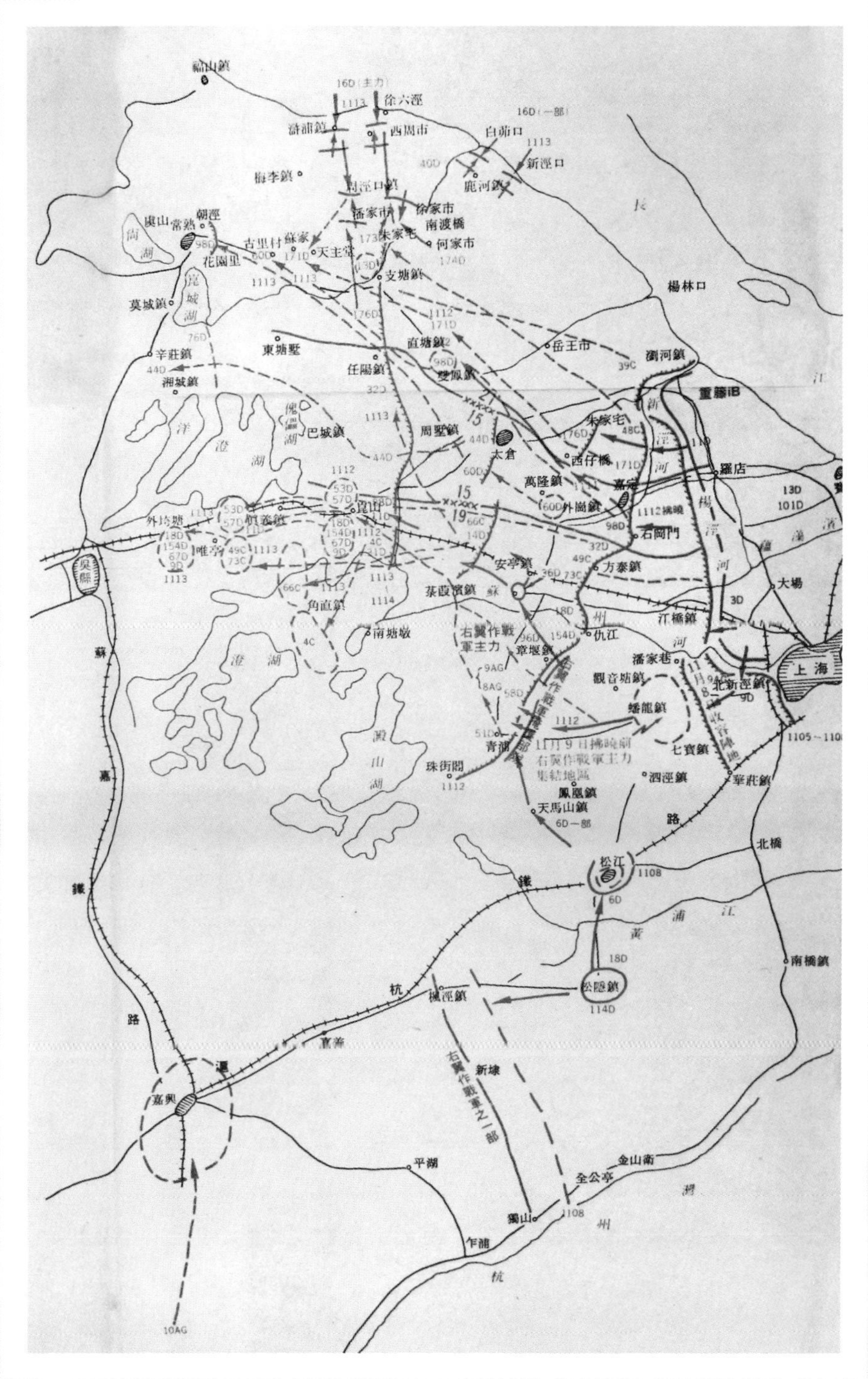

国民政府军全线溃退，图为 11 月 5 日至 14 日向国防线转移的经过

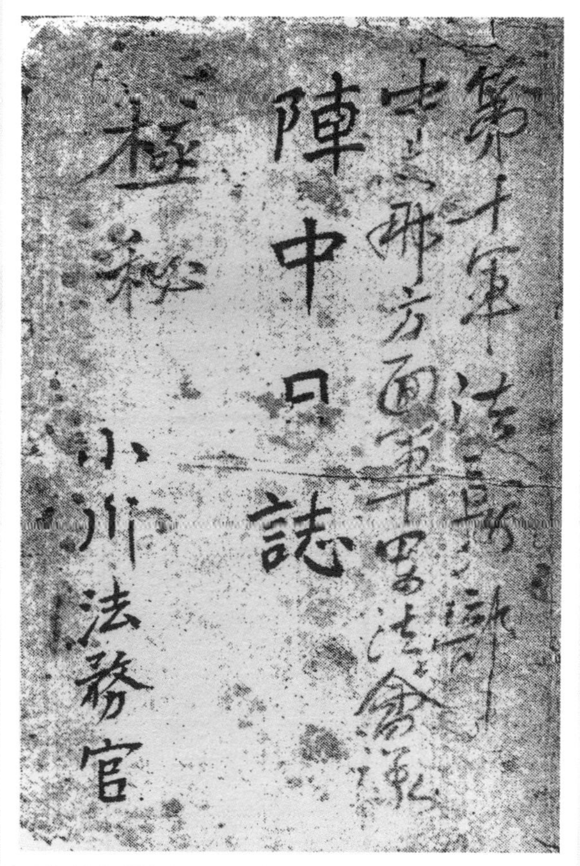

登陆后的日军烧杀淫掠，无恶不作。图为记录其各种暴行的第 10 军法务部阵中日志的封面

2.血战嘉善七昼夜

(1)国民政府出兵御敌与县政府的提前撤退

第 10 集团军总司令刘建绪

第 128 师师长顾家齐

时任嘉善县县长于树峦,11 月 5 日日军登陆当天就率领县政府撤离

说明:第 10 集团军总司令刘建绪调集第 109 师、第 128 师等部队官兵 15570 余人,从 11 月 8 日到 14 日在枫泾至嘉善一线阻击日军第 18 师团进犯,双方展开了七个昼夜的血战。

(2)侵略者——日军第 18 师团的嘴脸

日军第 18 师团师部成员。前排左起：高级参谋水野桂三、参谋长小藤惠、师团长牛岛贞雄、高级副官田岛、副官井场；后排左起：参谋野原、参谋楠田、副官池本、参谋伊藤秀一

高级参谋秋永月三

高级副官濑户正秀

野炮兵第12联队联队长
浅野末吉

工兵第12联队联队长井泽新，后
死于南京大屠杀时期

经理部长居川

第18师团后勤部队军官。左
起：管理部长兼高级副官田
岛、军医部长光武、兽医部长
中山、兵器部长宫内

(3)两军鏖战

在侵犯枫泾镇的途中，步兵第124联队第3大队第12中队中队长安武清作将一面“敌国降服”的旗插在背上，气焰器张至极

说明：该部不久即在嘉善战役中遭受严重伤亡。

步兵第124联队向枫泾袭来

步兵第124联队士兵占领枫泾我方碉堡后得意忘形的丑态

枫泾乡间魔影重重(步兵第124联队官兵摄)

日军经杭善公路枫泾汽车站入侵嘉善

枫泾附近抗击日军的碉堡

我军从这个碉堡的枪眼里射出的子弹击毙了不少日本侵略者

11 月 9 日在嘉善东北被我军击伤的步兵第 35 旅团旅团长手冢省三

手冢省三被该碉堡内的我军士兵射伤，因此日军占领后在此耀武扬威

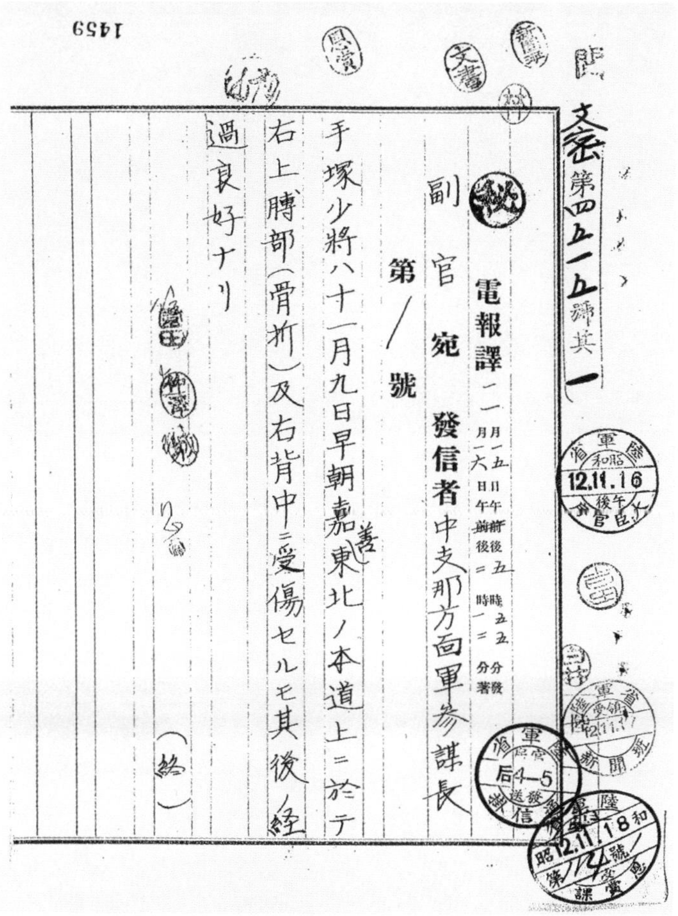

電報譯
副官宛
發信者 中支那方面軍参謀長
第／號
手塚少将八十一月九日早朝嘉善東北ノ本道上ニ於テ
右上膊部(骨折)及右背中ニ受傷セルモ其後ノ経
過良好ナリ
(終)

11 月 15 日日军“中支那方面军”参谋长发出的关于手冢省三负伤的电报

译文：手冢少将十一月九日晨在嘉善东北面的道路上，右上臂(骨折)以及右后背受伤，此后均属良好。

被我军利用碉堡击毙的辎重兵第 12 联队(川内部队)太田特务一等兵冲野良雄的土葬地

强攻我方碉堡而被击毙的日军士兵土葬地

被日军占领的伪装成土墩的我方碉堡,双方曾在此激战,碉堡墙身上留有大量弹孔

步兵第 114 联队联队长片冈角次在中方隐蔽工事前耀武扬威

被丸山中尉占领的我方碉堡

日军占领被其形容为“宏伟巨大”的屋顶形状的碉堡

侵占枫泾的步兵第 124 联队第 3 大队第 9 中队组成了所谓的“警备队”

说明：该联队联队长为小堺芳松，中队长为吉田丞。

步兵第 124 联队官兵在我方碉堡前耀武扬威

步兵第 124 联队向嘉善疯狂突击

在我军火力封锁下一度挡住日军进犯的宽阔河道

第 18 师团本部在我军炮火下实施强渡

我军开挖的战壕以及被击毙于此的日军士兵土葬地

日军构筑的野外工事

11 月 13 日，步兵第 55 联队趾高气昂地在我军放弃的阵地前 500 米处行军

敌我双方在此桥展开激烈争夺

双方在桥边的这座房屋附近展开激战

第 18 师团本部在姚庄桥南某地渡河，进犯嘉善城

师团长牛岛贞雄及其身后的幕僚趾高气扬地在嘉善城东北的陆家浜观测战况

步兵第 124 联队官兵在干窑镇附近休息，准备继续入侵

被我军击毙于河边的辎重兵第 12 联队(川内部队)太田特务一等兵的土葬地

宫地部队收容枫泾战役中的伤员

(4)嘉善战役的最后阶段

嘉善战役使日军遭到了杭州湾登陆以后最沉重的打击，牵制了包围淞沪主战场的日军兵力，迟滞了日军进攻南京的时间，但也给国民政府军造成了严重的伤亡。

被俘虏的我军士兵，不久便惨遭杀害

THE NORTH-CHINA DAILY NEWS, SATURDAY, NOVEMBER 13, 1937

MAYOR O. K. YUI'S MESSAGE

Chinese Public Asked Not To Be Disheartened

CITY ADMINISTRATION AT STANDSTILL

The Chinese populace in Shanghai was asked by Mayor O. K. Yui, in a statement yesterday, not to be disheartened as a result of the shifting of the scene of hostilities away from this city.

Now that the Chinese troops, for tactical reasons, have completed their withdrawal from Shanghai, administrative affairs in the Greater Shanghai Municipality most probably will have to come to a standstill, Mayor Yui added.

The excellent account the Chinese defenders have given of themselves, however, he continued, has had the effect not only of changing world opinion in China's favour but also in further fortifying the Chinese nation.

For a peace-loving nation like China to rise in resistance against foreign militarism and invasion, her only weapon is this strong will to

11月13日《字林西报》刊载的杭州湾北岸形势图

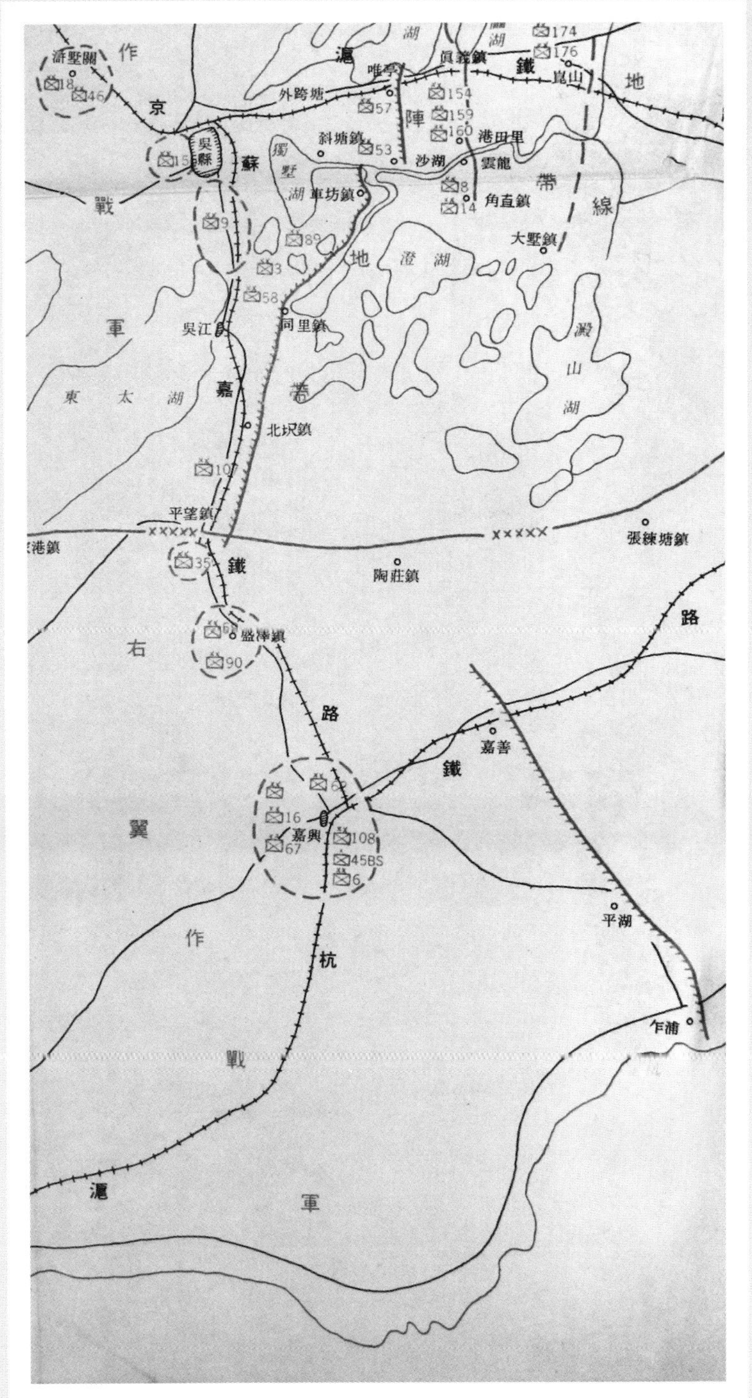

13 日的第三战区乍平嘉线阵地配置要图

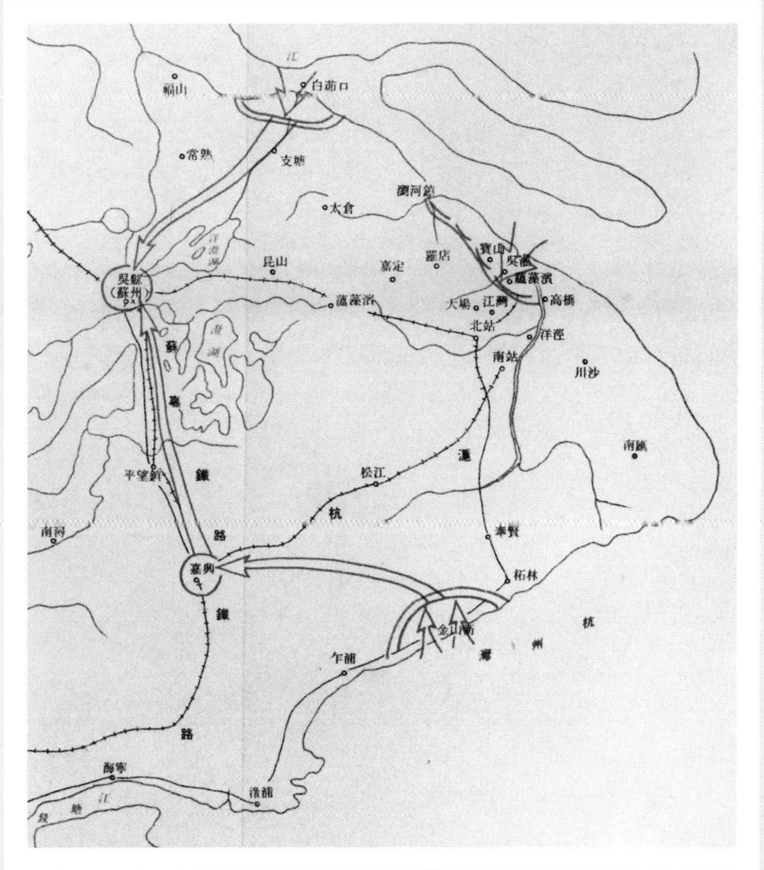

13 日日军第 16 师团在常熟白茆口登陆后国民政府出台的战略指导研究案

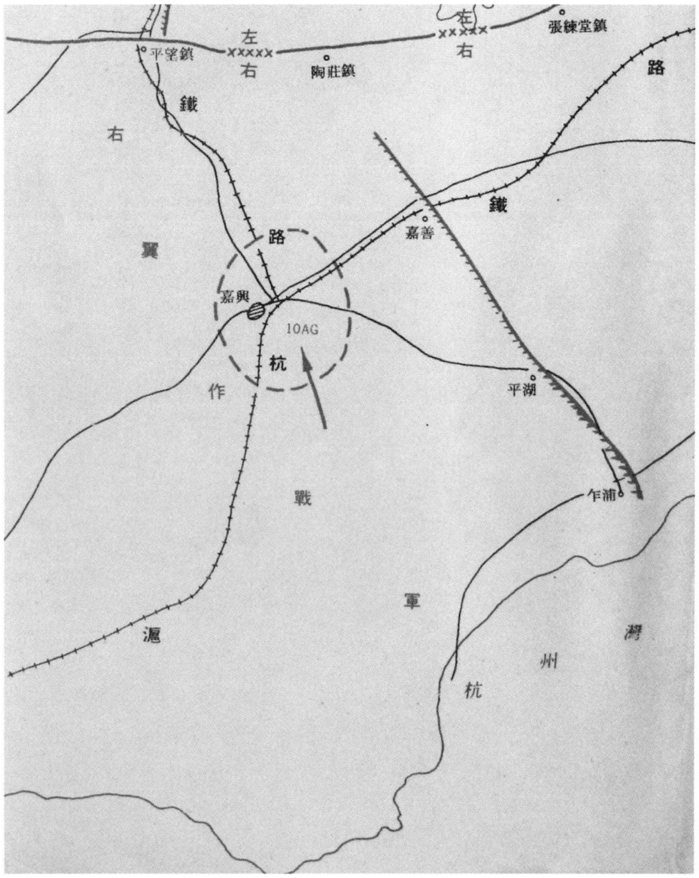

14日的我方右翼军形势图

14日嘉善沦陷，图为一片废墟的嘉善城

日军在汽车上拍摄的“嘉善激战残迹”

日军拍摄的“嘉善激战残迹”

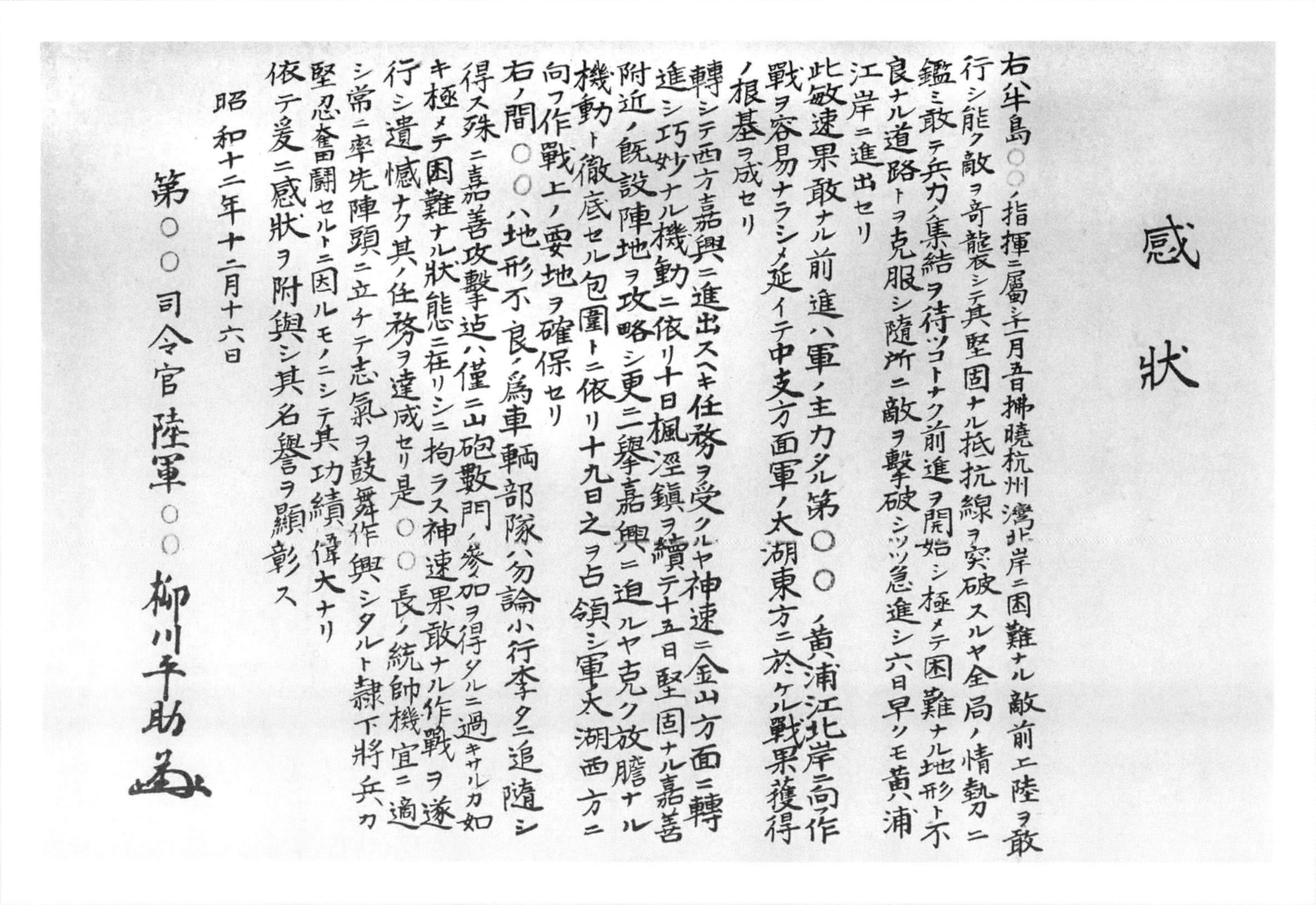

感状

右牛島〇〇ノ指揮ニ屬シ十一月五日拂曉杭州灣北岸ニ困難ナル敵前上陸ヲ敢行シ能ク敵ヲ奇襲シテ其堅固ナル抵抗線ヲ突破スルヤ全局ノ情勢ニ鑑ミ敢テ兵力ノ集結ヲ待ツコトナク前進ヲ開始シ極メテ困難ナル地形ト不良ナル道路トヲ克服シ随所ニ敵ヲ撃破シツツ急進シ六日早クモ黄浦江岸ニ進出セリ

此敏速果敢ナル前進ハ軍ノ主力タル第〇〇ノ黄浦江北岸ニ向フ作戰ヲ容易ナラシメ延イテ中支方面軍ノ太湖東方ニ於ケル戰果獲得ノ根基ヲ成セリ

轉シテ西方嘉興ニ進出スヘキ任務ヲ受クルヤ神速ニ金山方面ニ轉進シ巧妙ナル機動ニ依リ十日楓涇鎮ヲ續テ十五日堅固ナル嘉善附近ノ既設陣地ヲ攻略シ更ニ擧テ嘉興ニ迫ルヤ克ク放膽ナル機動ト徹底セル包圍トニ依リ十九日之ヲ占領シ軍太湖西方ニ向フ作戰上ノ要地ヲ確保セリ

右ノ間〇〇ハ地形不良ノ爲車輛部隊ハ勿論小行李タニ追随シ得ス殊ニ嘉善攻撃迄ハ僅ニ山砲數門ノ參加ヲ得タルニ過キサルカ如キ極メテ困難ナル狀態ニ在リシニ拘ラス神速果敢ナル作戰ヲ遂行シ遺憾ナク其ノ任務ヲ達成セリ是〇〇長ノ統帥機宜ニ適シ常ニ率先陣頭ニ立チテ志氣ヲ鼓舞作興シタルト隷下將兵カ堅忍奮闘セルトニ因ルモノニシテ其功績偉大ナリ

依テ茲ニ感狀ヲ附與シ其名譽ヲ顯彰ス

昭和十二年十二月十六日

第〇〇司令官陸軍〇〇柳川平助

南京大屠杀期间第 10 军总司令柳川平助向第 18 师团颁发的军功状

译文(节选):我们接受了转变方向,向西边的嘉兴进攻的任务,便火速转向金山方面,凭借着巧妙的机动打法,继十日攻下枫泾镇之后,十五日又攻下了嘉善附近的既设阵地……嘉善攻击战中仅有几门山炮参加战斗,尽管当时是极为困难的状态,但我们仍然贯彻神速且果敢的作战策略,不留遗憾地完成了任务。

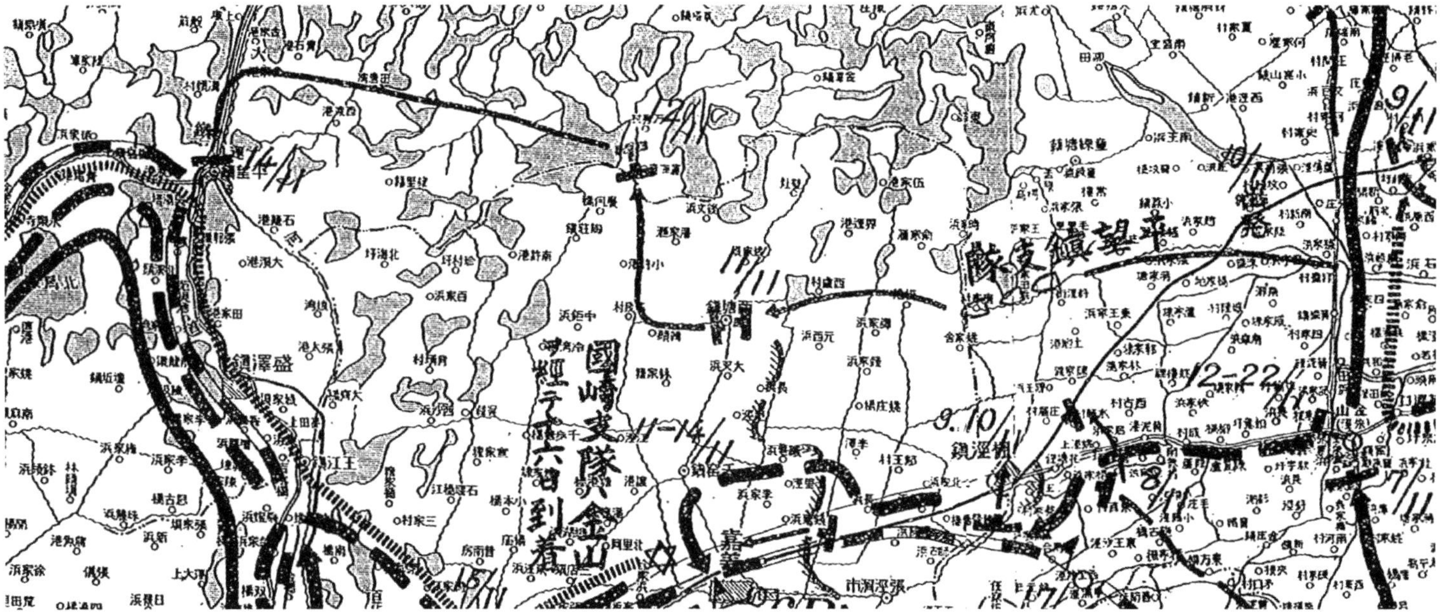

第 6 师团“平望镇支队”入侵路线图

说明：该部队由步兵第 23 联队第 3 大队大队长河喜多藤基率领，于 11 月 8 日从松江出发，11 日侵入西塘，次日至江苏芦墟，然后直插平望镇北的袅腰桥，于 14 日切断苏嘉铁路、公路及京杭运河。嘉善的国民政府军因面临被包围的危险而撤退，战役结束。

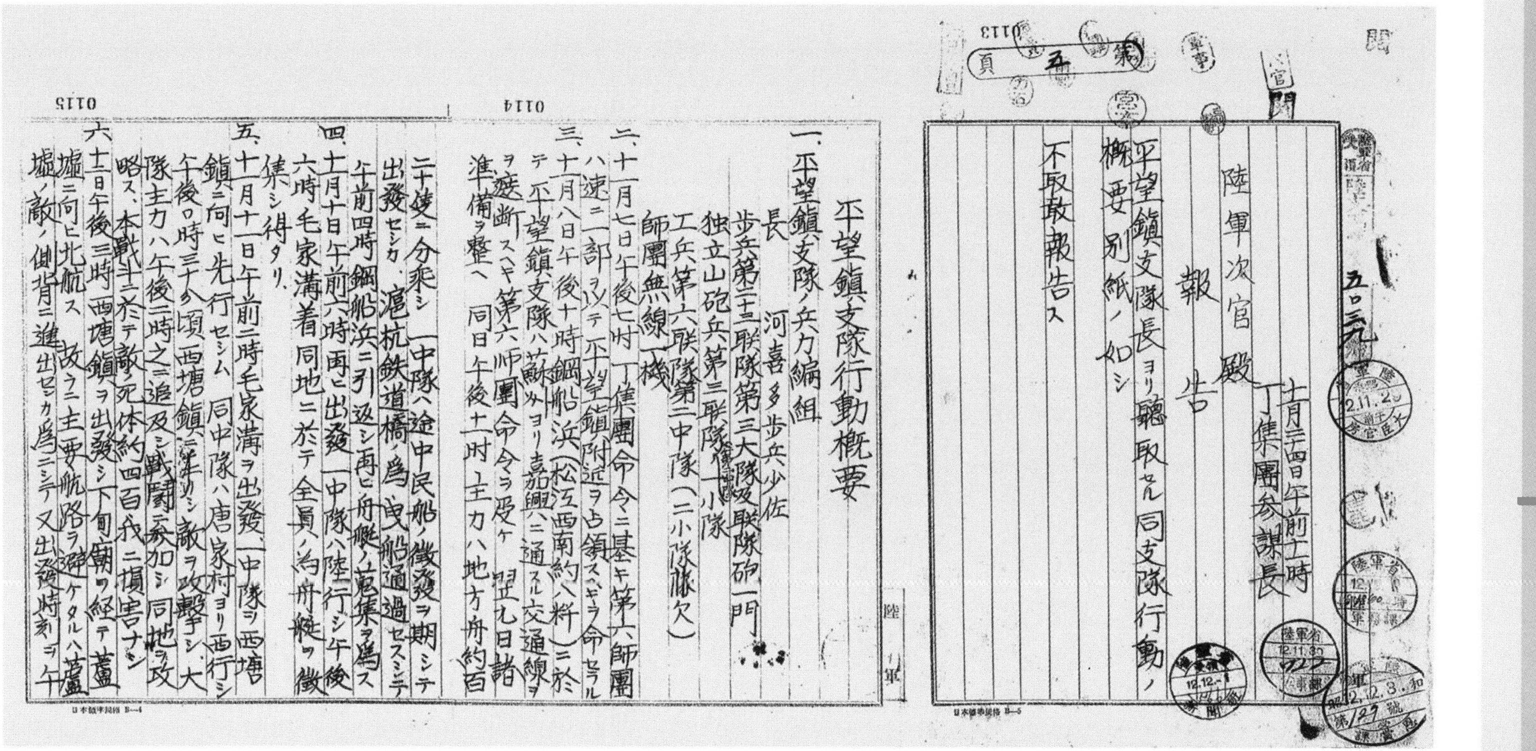

五〇二九

陸軍次官殿

十一月二十四日午前十一時 丁集團参謀長

報告

平望鎮支隊長ヨリ聴取セル同支隊行動ノ概要別紙ノ如シ

不取敢報告ス

平望鎮支隊行動概要

一、平望鎮支隊ノ兵力編組

長 河喜多歩兵少佐

歩兵第十三聯隊第三大隊及聯隊砲一門

独立山砲兵第三聯隊第一小隊

工兵第六聯隊第二中隊（二小隊欠）

師團無線一機

二、十一月七日午後七時丁集團命令ニ基キ第六師團ハ速ニ一部ヲ以テ平望鎮附近ヲ占領スベキヲ命セラル

三、十一月八日午後十時鋼船浜（松江西南約八粁）ニ於テ平望鎮支隊ハ蘇州ヨリ嘉興ニ通スル交通線ヲ遮断スベキ第六師團命令ヲ受ケ 明九日諸準備ヲ整ヘ 同日午後十一時主力ハ地方舟約百二十隻ニ分乘シ 一中隊ハ途中民船ノ徴發ヲ期シテ出發セシガ 滬杭鉄道橋ノ爲船通過セズシテ午前四時鋼船浜ニ引返シ再ヒ舟艇ノ蒐集ニ爲ス

四、十一月十日午前六時再ヒ出發 一中隊ハ陸行シ午後六時毛家溝着 同地ニ於テ全員ノ為舟艇ヲ徴集シ得タリ

五、十一月十一日午前二時毛家溝ヲ出發 一中隊ヲ西塘鎮ニ向ヒ先行セシム 同中隊ハ唐家村ヨリ西行シ午後〇時三十分頃西塘鎮ニ達シ敵ヲ攻撃シ大隊主力ハ午後二時之ニ追及シ戦闘ニ参加シ同地ヲ攻略ス 本戦斗ニ於テ敵ノ死体約四百我ニ損害ナシ

六、十二日午後三時西塘鎮ヲ出發シ下甸廟ヲ経テ蘆墟ニ向ヒ北航ス 故ニ主要航路ヲ避ケタルハ蘆墟ノ敵ノ側背ニ進出セシカ爲ニシテ又出發時刻ヲ午

"平望镇支队"战报(部分),"丁集团"即第 10 军

译文(节选):

二、十一月七日下午七点,根据丁集团的命令,第六师团被命令应快速派出部分军队去占领平望镇附近。

三、十一月八日下午十点在钢船浜(松江西南约八千米),平望镇支队接受了第六师团把从苏州到嘉兴的交通线遮断的命令。

五、十一月十一日凌晨两点从毛泉沟出发,一个中队向着西塘镇先行进发。这支队伍从唐家村向西行,在中午十二点三十分左右到达西塘镇攻击敌人,大队在下午两点赶到并参与到战斗中。在此次战役中,敌人大约死了四百人,我方无人死亡。

六、十二日下午三点从西塘镇出发,经过下甸庙,向着芦墟北进,避开主要航路。

第 114 师团步兵第 115 联队尾随第 18 师团入侵嘉善，图为该部士兵占领嘉善附近的中方隐蔽工事

第 6 师团野炮兵第 6 联队占领嘉善，然后与野战重炮兵第 6 旅团合犯嘉兴

第 6 师团辎重兵第 6 联队的水上部队侵入嘉善

辎重兵第 6 联队第 1 中队中队长杉本正藏

说明：该师团 11 月 14 日从昆山折回，经嘉善侵犯嘉兴。

3.日军入侵平湖

(1)入侵平湖的日军主力是第 114 师团,该部在全公亭、金丝娘桥一线登陆后先入侵新仓、广陈以支援第 18 师团,嘉善沦陷后即调转枪头进犯平湖县城

第 114 师团步兵第 128 旅团旅团长奥保夫登陆后趾高气扬的丑态

步兵第 150 联队联队长山本重憲

步兵第 150 联队情报中尉森下武，不久后在南京雨花台被我军击毙

步兵第 150 联队第 2 大队大队长儿森高槌，亦被我军击毙于雨花台

步兵第 150 联队第 3 大队大队长大冢宏

步兵第 150 联队第 3 大队第 9 中队队长熊谷利美，1938 年被我军击伤后死于天津

步兵第 150 联队第 3 大队第 11 中队队长宫坂敏治，1939 年被我军击毙于山东峄县

步兵第 150 联队第 1 大队机关枪中队队长北泽隆之助，后负伤回国，1938 年在日本广岛陆军医院不治身亡

第 114 师团步兵第 115 联队联队长矢崎节三

步兵第 115 联队菅原部队长

步兵第 115 联队森田部队长

步兵第 66 联队联队长山田常太

步兵第 66 联队第 1 大队大队长一刈勇策

步兵第 66 联队第 2 大队大队长石田砺三

步兵第 66 联队第 3 大队大队长林千代治

野炮兵第 120 联队联队长大家升

野炮兵第 120 联队大队长稻叶

野炮兵第 120 联队第 1 大队大队长加贺美魔思

野炮兵第 120 联队第 2 大队大队长清水茂

野炮兵第 120 联队第 3 大队大队长内藤一郎

(2)第 114 师团入侵经过

步兵第 66 联队侵占金丝娘桥

登陆后不久的步兵第 66 联队

登陆后不久的步兵第 66 联队之二

步兵第 66 联队联队长在传达命令

步兵第 66 联队登陆后向国民政府军发起进攻

步兵第 66 联队士兵在泥泞坑洼的道路上行军

正在渡河进犯的步兵第 66 联队士兵

步兵第 66 联队入侵广陈镇

步兵第 115 联队军官登陆前在船上的合影

步兵第 115 联队登陆后霸占了金丝娘桥的农舍避雨

从金丝娘桥向金山卫进犯的步兵第 115 联队的“设营队”

步兵第 115 联队在新仓镇附近的三官堂准备进攻

步兵第115联队登陆后，于11月13日在平湖城东的周家圩与国民政府军第79师一部展开激烈巷战

周家圩巷战之二(图中均为日军)

周家圩巷战之三

周家圩巷战之四

敌我双方在周家圩外围激战

步兵第 66 联队从新仓镇向平湖城东的红庙头进犯

9 月 16 日上任的平湖县县长丘远雄在日军登陆三天后即逃往后方

步兵第 66 联队侵占平湖

步兵第 66 联队在被轰炸后只剩残垣断壁的平湖城内行军

战后一片废墟的平湖大街(今解放东路),仅双塔得以幸免

步兵第 66 联队被我方自行破坏的桥梁挡住了入侵的脚步

步兵第 66 联队修复桥梁,准备继续进犯

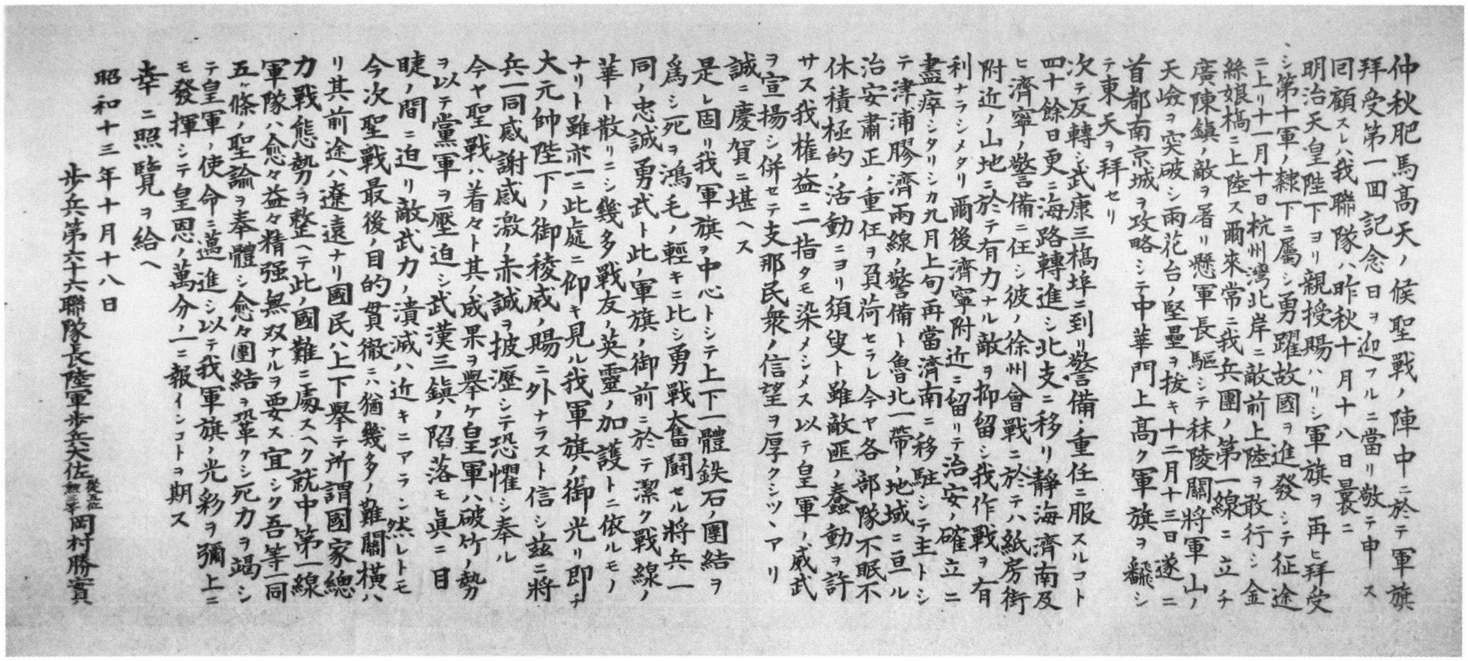

仲秋肥馬高天ノ候聖戰ノ陣中ニ於テ軍旗
拜受第一回記念日ヲ迎フルニ當リ敬テ申ス
同顧スレハ我聯隊ハ昨秋十月十八日曩ニ
明治天皇陛下ヨリ親授賜ハリシ軍旗ヲ再ヒ拜受
シ第十軍ノ隷下ニ屬シ勇躍故國ヲ進發シテ征途
ニ上リ十一月十日杭州灣北岸ニ敵前上陸ヲ敢行シ金
絲娘橋ニ上陸ス爾來常ニ我兵團ノ第一線ニ立チ
廣陳鎮ノ敵ヲ屠リ懸軍長驅シテ秣陵關將軍山ノ
天嶮ヲ突破シ雨花台ノ堅壘ヲ拔キ十二月十三日遂ニ
首都南京城ヲ攻略シテ中華門上高ク軍旗ヲ飜シ
テ東天ヲ拜セリ
次テ反轉シ武康三橋埠ニ到リ警備ノ重任ニ服スルコト
四十餘日更ニ海路轉進シ北支ニ移リ靜海濟南及
ヒ濟寧ノ警備ニ任シ彼ノ徐州會戰ニ於テハ紙房街
附近ノ山地ニ於テ有力ナル敵ヲ抑留シ我作戰ヲ有
利ナラシメタリ爾後濟寧附近ニ留リテ治安ノ確立ニ
盡瘁シタリシカ九月上旬再當濟南ニ移駐シテ主トシ
テ津浦膠濟兩線ノ警備ト魯北一帶ノ地域ニ亘ル
治安肅正ノ重任ヲ負荷セラレ今ヤ各部隊不眠不
休積極的ノ活動ニヨリ須臾ト雖敵匪ノ蠢動ヲ許
サス我權益ニ一指タモ染メシメス以テ皇軍ノ威武
ヲ宣揚シ併セテ支那民衆ノ信望ヲ厚クシツヽアリ
誠ニ慶賀ニ堪ヘス
是レ固ヨリ我軍旗ヲ中心トシテ上下一體鉄石ノ團結ヲ
爲シ死ヲ鴻毛ノ輕キニ比シ勇戰奮闘セル將兵一
同ノ忠誠勇武ト此ノ軍旗ノ御前ニ於テ潔ク戰線ノ
華ト散リニシ幾多戰友ノ英靈ノ加護トニ依ルモノ
ナリト雖亦一ニ此處ニ仰キ見ル我軍旗ノ御光リ即チ
大元帥陛下ノ御稜威ノ賜ニ外ナラスト信シ茲ニ將
兵一同感謝感激ノ赤誠ヲ披瀝シテ恐懼シ奉ル
今ヤ聖戰ハ着々ト其ノ成果ヲ擧ケ皇軍ハ破竹ノ勢
ヲ以テ黨軍ヲ壓迫シ武漢三鎮ノ陷落モ眞ニ目
睫ノ間ニ迫リ敵武力ノ潰滅ハ近キニアラン然レトモ
今次聖戰最後ノ目的貫徹ニハ猶幾多ノ難關横ハ
リ其前途ハ遼遠ナリ國民ハ上下擧テ所謂國家總
力戰態勢ヲ整ヘテ此ノ國難ニ處スヘク就中第一線
軍隊ハ愈々益々精强無双ナルヲ要ス宜シク吾等一同
五ヶ條ノ聖諭ヲ奉體シ愈々團結ヲ鞏クシ死力ヲ竭シ
テ皇軍ノ使命ニ邁進シ以テ我軍旗ノ光彩ヲ彌上ニ
モ發揮シテ皇恩ノ萬分ノ一ニ報インコトヲ期ス
幸ニ照覽ヲ給ヘ
昭和十三年十月十八日
步兵第六十六聯隊長陸軍步兵大佐 從五位勲三等 岡村勝實

1938 年步兵第 66 联队新任联队长冈村胜实向该部官兵颁发的军功状

说明：右起第六行写到："十一月十日，我们在杭州湾北岸勇敢地完成敌前上陆，从金丝娘桥登陆以来我们军团时常站在第一线，屠灭广陈镇的敌人……"

11 月 14 日被我军击毙于广陈镇附近的步兵第 150 联队主计中尉大野香

步兵第 115 联队入侵广陈后，在镇北的黄浦江上游支流河畔设立"绷带所"（即战地医院）以救助被我军击伤的官兵

4.日军侵占嘉兴

(1)日军从嘉善袭来

最后防守嘉兴城的国民政府军第170师1038团,图为团长李本一

11月15日撤离的嘉兴县县长翁柽

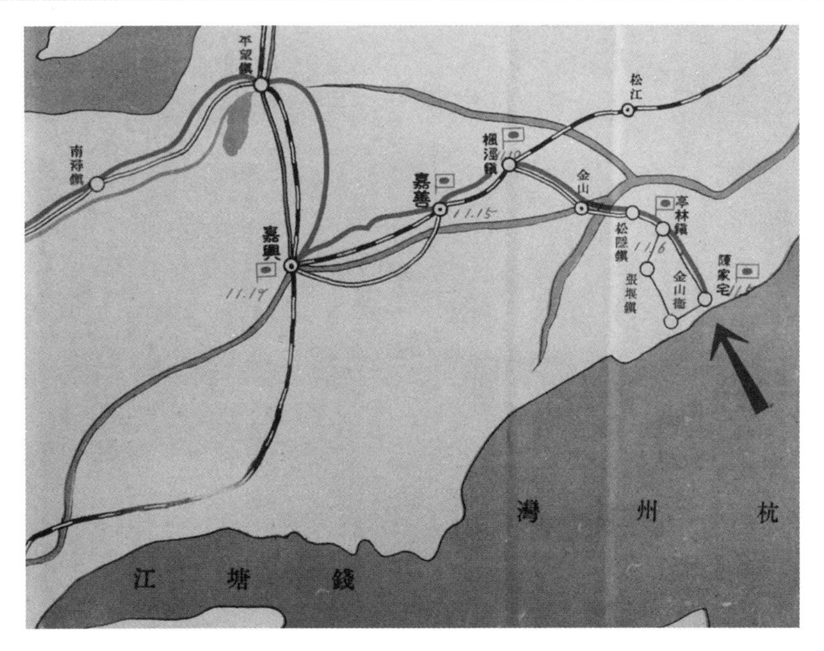

日军第18师团入侵嘉兴各地路线图

第18师团步兵第55联队联队长野副昌德

步兵第 124 联队联队长小堺芳松

第 18 师团骑兵第 22 大队大队长小池昌次

第 18 师团辎重兵第 12 联队联队长川内益实

11 月 15 日距国民政府军阵地仅 500 米的步兵第 56 联队第 1 大队第 4 中队(熊谷部队)

日军骑兵安装马蹄后入侵嘉兴

日军骑兵逼近嘉兴

骑兵第 22 联队(小池部队)突入我后方修理桥梁,进犯新塍,该部很可能就是杀害七名嘉兴县政府人员的元凶

进犯中的日军“精锐部队”

辎重兵第 12 联队(川内部队)沿杭善公路入侵嘉兴,在遥望被毁的桥梁时狂妄地叫嚣:“桥梁破坏也不算什么”。但事实上这座桥梁是苏嘉铁路的 99 号桥,辎重部队根本无法在铁路上行走

猛攻嘉兴的步兵第 56 联队 (藤山部队),11 月 19 日嘉兴城全部沦入敌手

THE YOMIURI SHIMBUN

讀賣新聞

日支交渉斡旋暗示
英、我が條件を探る
ク大使・堀内次官訪問

蘇州孤立、陷落近し
常熟 嘉興 完全占領の皇軍肉薄

眞の敵と相共に闘はん
松井司令官・伊大使會談

嘉興猛攻中の藤山部隊

山東省政府遂に濟南城を放棄か
全省運命旦夕

無錫に兵變か
敗兵亂入して大混亂

大阪貯蓄

固形淺田飴

コレダ！

便利だ、スマートだ！

銃後の

家庭經濟

建築設計施工 日本電話建物株式會社

菊亭

1937 年 11 月 20 日,日本《读卖新闻》头版刊登藤山部队的照片并报道嘉兴被攻占的经过

(2)铁证如山——“石田炮兵部队奋战之地”石碑及其来源

石碑背面有以下文字：“维时昭和十二年十一月十八日，石田部队长统一指挥桥本、藤村两部队发扬炮火之威□，□田步兵大队占领嘉兴东端一带之敌阵地。当时小幡大队长、佐藤观测班长以下各炮兵观□□，进机关并野炮队一部悉在现地附近勇战奋斗，仍纪念当时战场尔云。昭和十三年六月树。”

2013年被重新发现的“石田炮兵部队奋战之地”石碑

“石田部队长”——野战重炮兵第6旅团旅团长石田保道

“桥本”——野战重炮兵第6旅团第13联队联队长桥本欣五郎

“藤村”——第6师团野炮兵第6联队联队长藤村谦(1960年代摄)

“小幡”——野战重炮兵第6旅团第13联队下属大队大队长小幡

第13联队本部军官

小幡大队本部官兵

“嘉兴东端一带之敌阵地”——第 13 联队投入重兵攻占的沪杭甬铁路、杭善公路旁的碉堡

1938 年 6 月，日军在碉堡之西、隔杭善公路对面树立的“石田炮兵部队奋战之地”石碑原貌，以此“纪念”第 13 联队攻克该碉堡的“奋战”经过，并作为殖民统治的宣传工具

第 6 师团野炮兵第 6 联队(藤村部队)攻入嘉兴火车站

(3)野战重炮兵第6旅团炮击嘉兴城

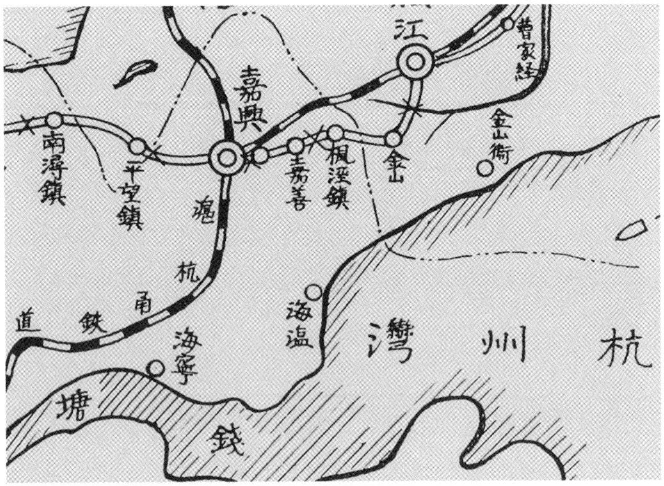

野战重炮兵第6旅团第13联队入侵嘉兴的路线图

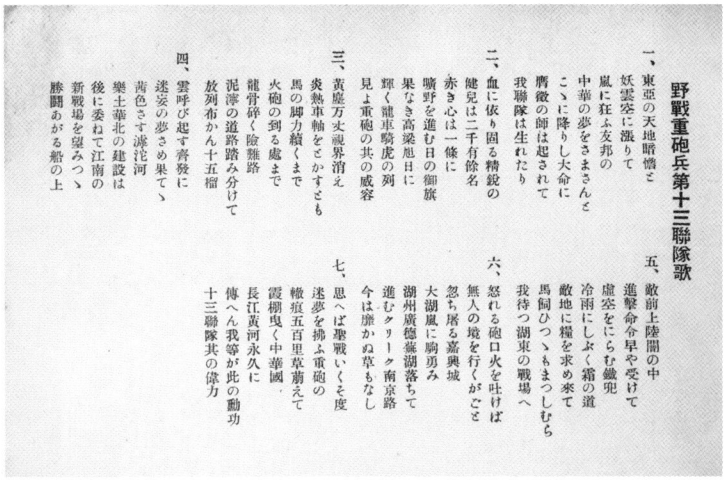

野戰重砲兵第十三聯隊歌

一、東亞の天地暗憺と
妖雲空に漲りて
嵐に狂ふ友邦の
中華の夢をさまさんと
こゝに降りし大命に
膺徵の師は起されて
我聯隊は生れたり

二、血に依り固る精鋭の
健兒は二千有餘名
赤き心は一條に
曠野を進む日の御旗
果なき高粱旭日に
輝く龍車騎虎の列
見よ重砲の其の威容

三、黃塵万丈視界消え
炎熱車軸をさかすとも
馬の脚力續くまで
火砲の到る處まで
龍骨砕く險難路
泥濘の道路踏み分けて
放列布かん十五榴

四、雲呼び起す齊發に
迷妄の夢さめ果てゝ
茜色さす滹沱河
樂土華北の建設は
後に委ねて江南の
新戰場を望みつゝ
勝鬪あがる船の上

五、敵前上陸闇の中
進撃命令早や受けて
虛空をにらむ鐵兜
冷雨にしぶく霜の道
敵地に糧を求め來て
馬飼ひつゝもまつしむら
我待つ湖東の戰場へ

六、怒れる砲口火を吐けば
無人の境を行くがごと
忽ち屠る嘉興城
大湖嵐に駒勇み
湖州廣德蕪湖落ちて
進むクリーク南京路
今は靡かぬ草もなし

七、思へば聖戰いくそ度
迷夢を拂ふ重砲の
轍痕五百里草萠えて
霞棚曳く中華國
長江黃河永久に
傳へん我等が此の勳功
十三聯隊其の偉力

第13联队队歌，其用辞狂妄至极："六、愤怒的炮口吐出火焰，有如来到无人之境，忽然被屠灭的嘉兴城……"

第13联队下属大队大队长内藤

内藤部队本部官兵

大队长中村

大队长高桥

高桥部队本部官兵

大队长大桥

野重、藤野部队军官

第 13 联队下属中队军官之一

中队军官之二

中队军官之三

中队军官之四

中队军官之五

中队(荒木队)军官

中队军官之六

第 13 联队士兵爬上屋顶观测嘉兴附近的战况

炮击嘉兴城

大量炮弹在嘉兴城内爆炸

日军补充弹药后继续炮击

被轰炸、炮击后化为灰烬的嘉兴火车站站房

被毁前的站房与月台

一片废墟的月台和天桥

被第 13 联队炮火摧毁的嘉兴城内民房

(4)第 114 师团从平湖沿嘉平公路西侵,纠集其他各部侵占嘉兴

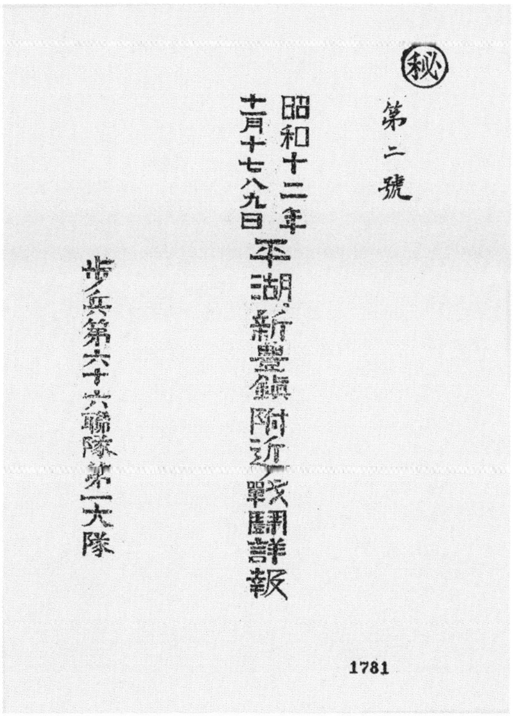

秘
第二號
昭和十二年十一月十七八九日
平湖、新豐鎮附近ノ戰鬪詳報
步兵第六十六聯隊第一大隊

1781

11 月 17-19 日步兵第 66 联队第 1 大队在平湖、新丰镇附近的作战报告

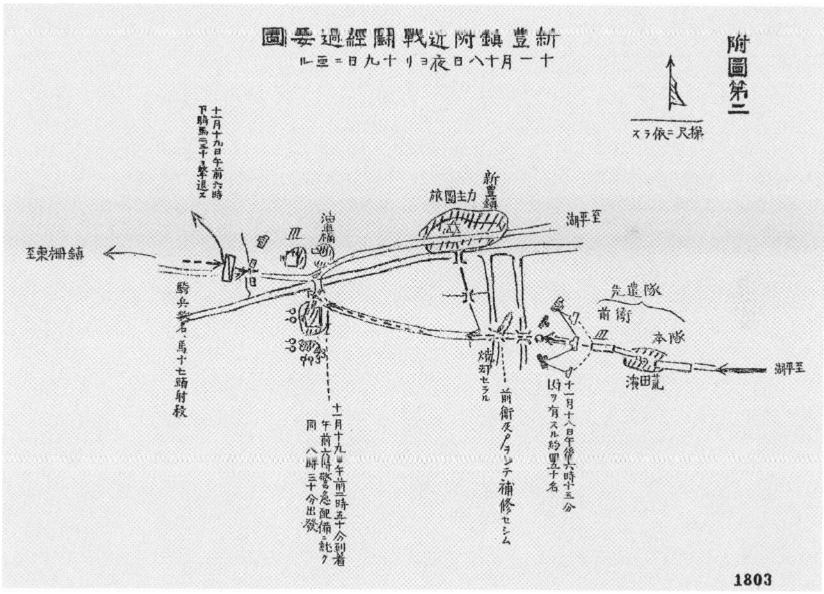

18 日夜至 19 日第 1 大队沿嘉平公路入侵新丰镇至十八里桥的经过图

主要经过说明:18 日下午 6 点 15 分,日军在新丰镇东南遭遇我军约四五十人的抵抗,日军突破后占领并守卫一座未被烧毁的公路桥。19 日凌晨 2 点 50 分,日军抵达焦山门桥南堍,清晨 6 点紧急配备到位后骑马击退了驻守桥北的二三十名我军士兵,并射杀了数名骑兵和 17 匹马。8 点 30 分全队出发进犯嘉兴。

步兵第 150 联队占领嘉兴火车站

讀賣新聞

THE YOMIURI SHIMBUN

蔣の側近休戰希求
英に和協斡旋泣訴
ハウ代理大使頻に畫策

揚子江上陸の高橋、永津兩部隊

南京クーデター迫る
白等反蔣陣虎視眈々

要衝嘉興脆く陷落

浮木求め盲龜三派足掻く
支離滅裂の國府外交

唯亭驛を突破す
破竹の蘇州進擊部隊

香港に潜入

曙莊

今や國を擧げて國産愛用の秋!!

まづ就職

11 月 19 日日本《读卖新闻》上
“要衝嘉興脆く陷落”的报道

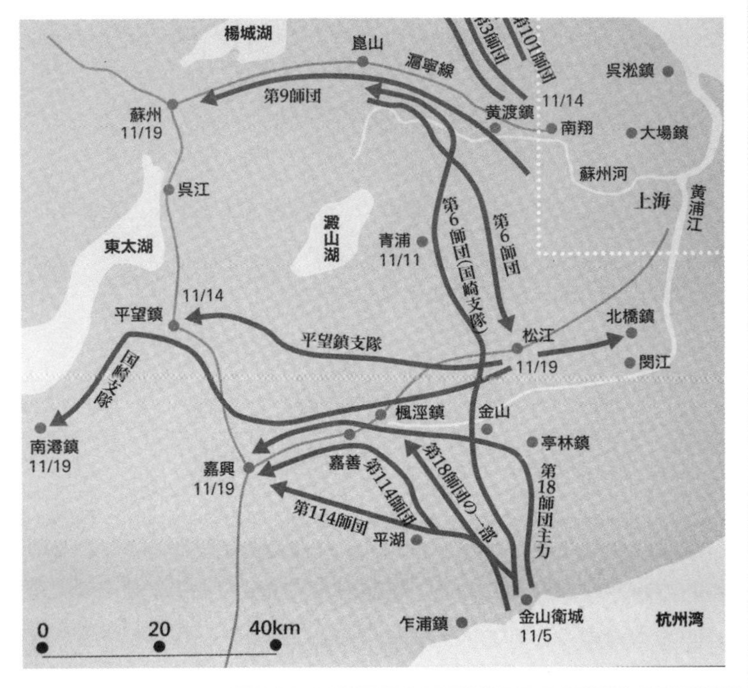

11 月 5–19 日第 10 军各部入侵(所谓“湖东会战”)路线图

说明：湖东是指太湖以东。柳川平助颁发给第 18 师团的“军功状”中写道：“趁势逼近嘉兴，凭借极其果敢的机动打法与彻底的包围战略，我们在十九日占领了嘉兴，为军队面向太湖的西面作战打下了基础，确保了要地。”

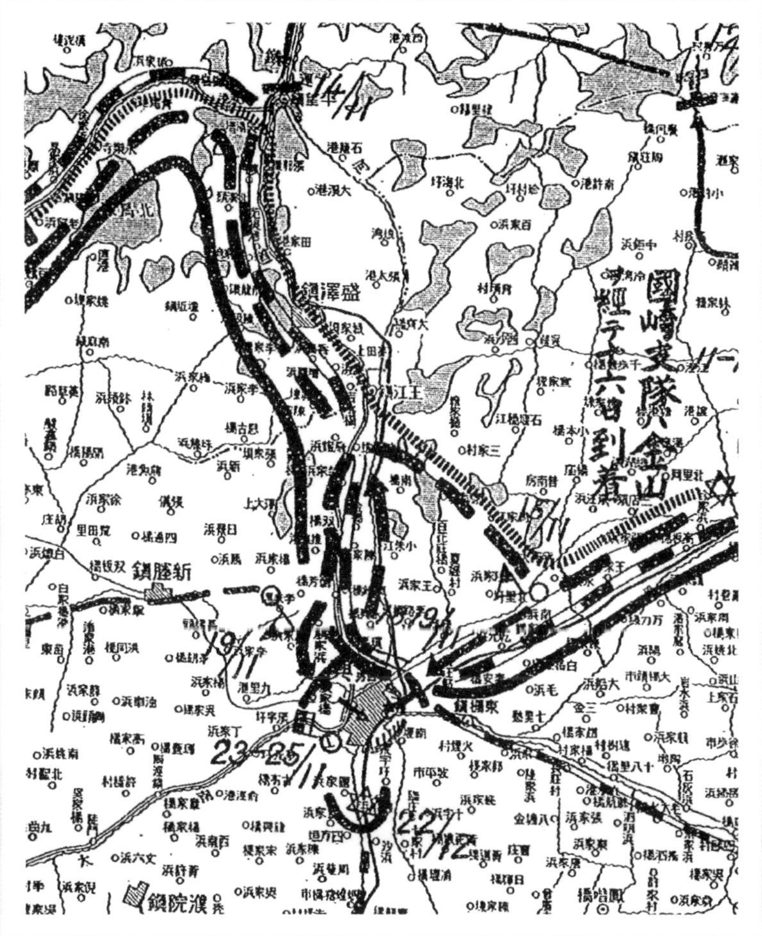

日军各部包围、侵占嘉兴路线图

说明：第 18 师团不仅从东北沿沪杭甬铁路向嘉兴进攻，其步兵第 114 联队(片冈部队)、第 55 联队(野副部队)、第 124 联队(小堺部队)、第 56 联队(藤山部队)等部从七星桥向西北绕至苏嘉公路双桥镇，再向新塍(应为骑兵第 22 大队)和嘉兴城西的九里汇两个方向进攻，形成合围之势，18 日下午 3 时片冈部队率先攻入城内。

野战重炮兵第 6 旅团第 13 联队(桥本部队)、第 6 师团野炮兵第 6 联队(藤村部队)也从东北突入城内。第 114 师团步兵第 150 联队(山本部队)、第 115 联队(矢ヶ崎部队)、第 66 联队(山田部队)则从正东沿嘉平公路入侵。

国崎支队经金山于 16 日到达嘉善，除下属的独立山炮兵第 3 联队(月野木部队)向嘉兴进攻外，其他部队直接从七星桥向苏嘉铁路王江泾袭去，故应为 11 月 17 日王江泾屠杀的元凶。

19 日晨 6 时，嘉兴全部沦入敌手。

5.日军进犯桐乡、崇德、海宁、海盐各地

伦敦新闻画报(Illustrated London News)12月25日刊登的日军侵略南京的鸟瞰图。如蝼蚁般的日军从嘉兴等长江三角洲地区的各个方向大举进犯南京,但图中的路线有所偏差

(1)国民政府军政的全线崩溃

第 10 军各部入侵的详细路线图

说明：除前述的第 18、114 师团、国崎支队等部外，从金山卫直接北上的第 6 师团主力于 11 月 14 日攻占江苏昆山后随即折回向南，于 21–23 日陆续到达嘉善，再经嘉兴、王江泾、平望、震泽指向吴兴(今湖州)。

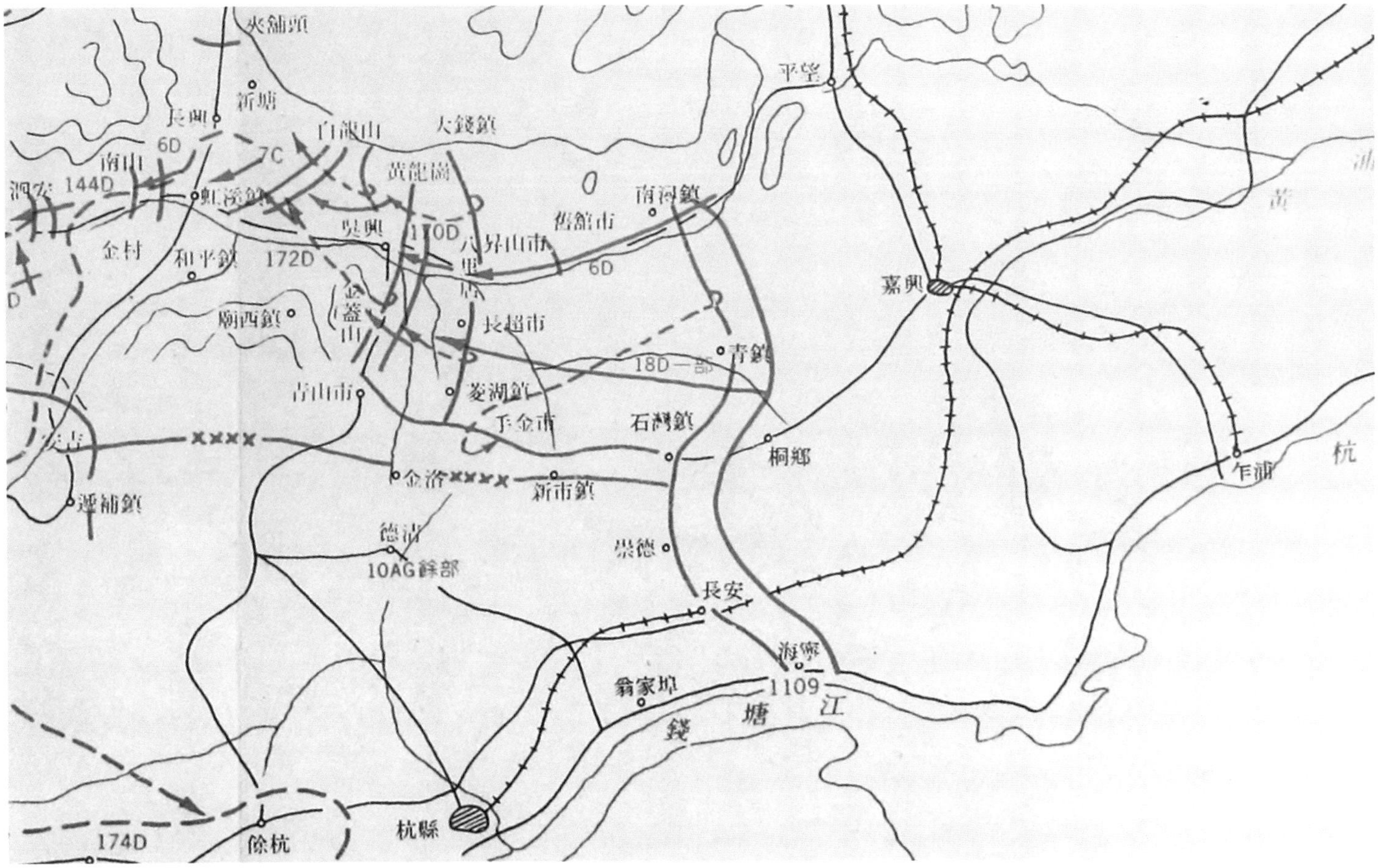

嘉兴沦陷前夕，国民政府军已退守桐乡、崇德、海宁三县西部，战略中心转至吴兴（今湖州）以堵截指向南京的日军部队

11 月 14 日崇德县政府撤离,图为时任县长刘平江

17 日桐乡县政府撤离,图为时任县长张周汶

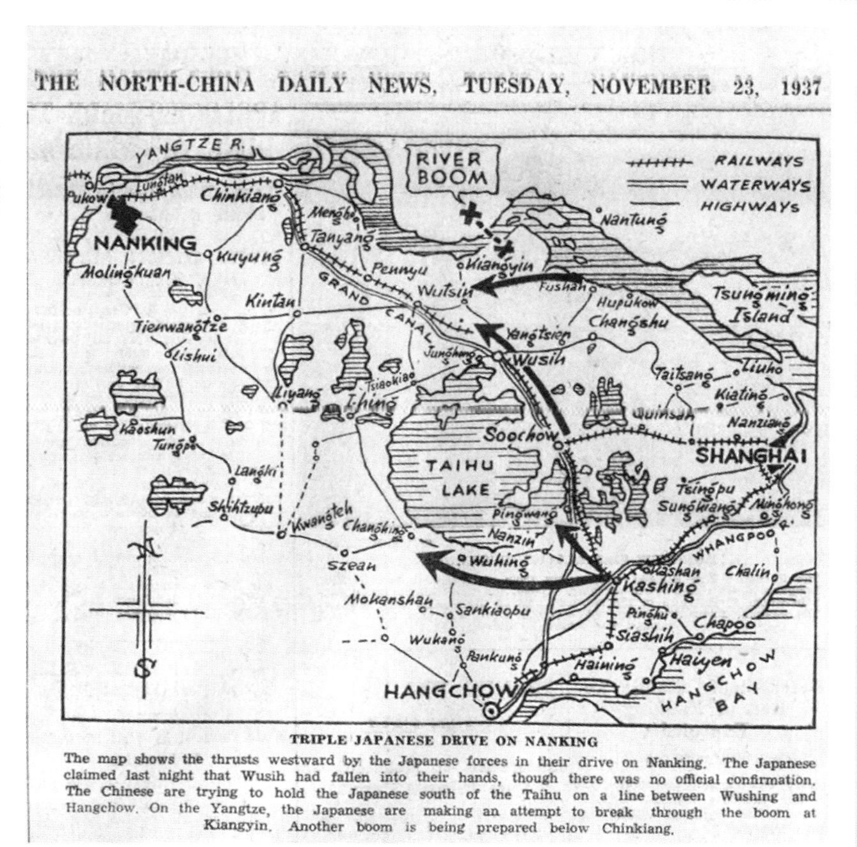

THE NORTH-CHINA DAILY NEWS, TUESDAY, NOVEMBER 23, 1937

TRIPLE JAPANESE DRIVE ON NANKING

The map shows the thrusts westward by the Japanese forces in their drive on Nanking. The Japanese claimed last night that Wusih had fallen into their hands, though there was no official confirmation. The Chinese are trying to hold the Japanese south of the Taihu on a line between Wushing and Hangchow. On the Yangtze, the Japanese are making an attempt to break through the boom at Kiangyin. Another boom is being prepared below Chinkiang.

23 日的《字林西报》刊登了日军从嘉兴西侵的方向图

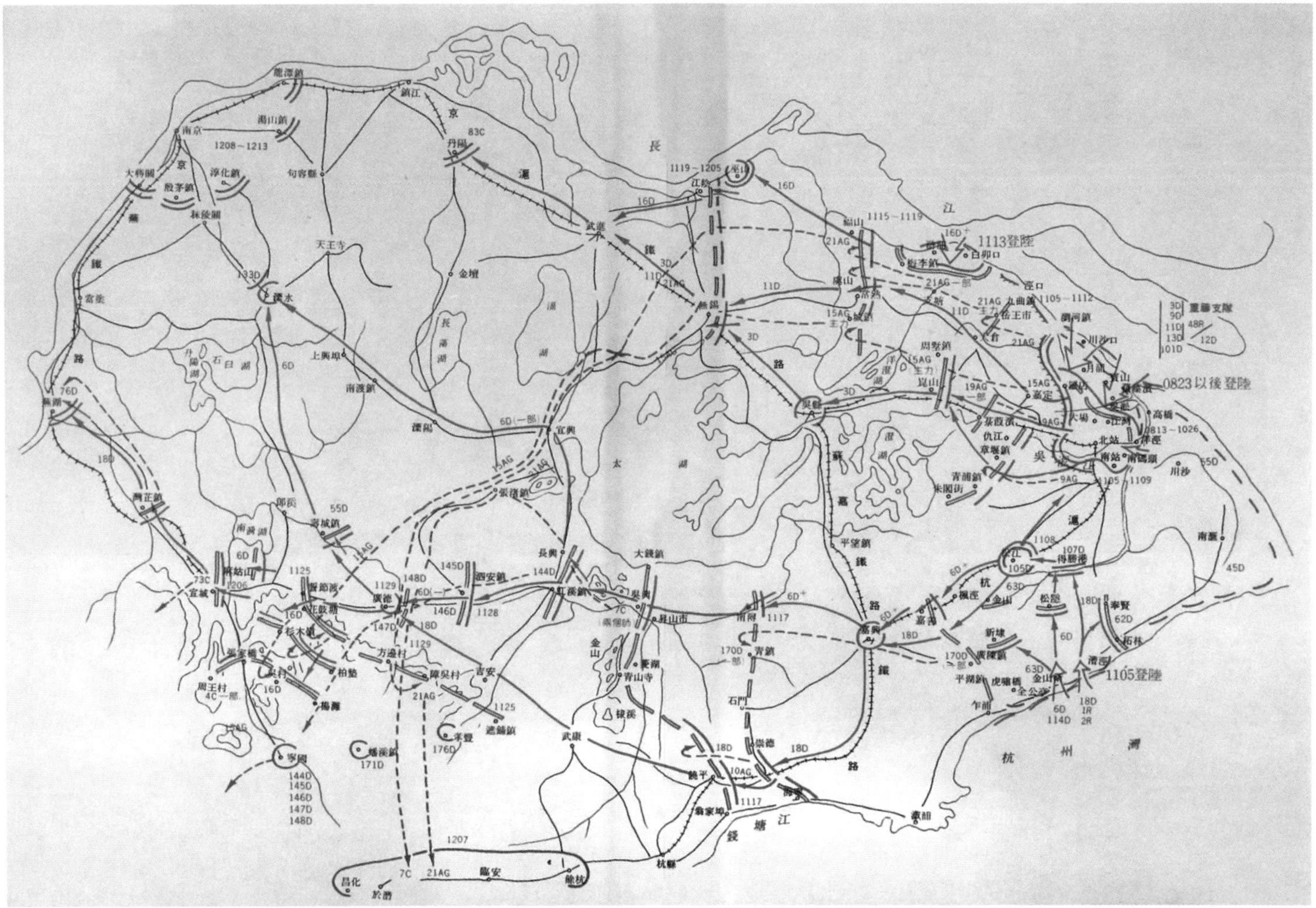

淞沪会战与南京保卫战(前期)经过要图

第 18 师团步兵第 124 联队翻越嘉兴郊外的石拱桥西犯吴兴

野战重炮兵第 6 旅团第 13 联队由嘉兴进犯吴兴、南京

野战重炮兵第 6 旅团第 13 联队一部侵占海宁盐官

(2) 12 月下旬第 101 师团一部经嘉善、嘉兴进犯杭州

第 101 师师团长伊东政喜(前排左三)与幕僚及各部部长

参谋长西山福太郎

入侵嘉善、嘉兴的军医内田了

第 101 师团一部从嘉善侵入嘉兴

该师团某部盘踞下的嘉兴火车站

第 101 师团辎重兵第 101 联队侵入嘉善

辎重兵第 101 联队联队长鸟海胜雄

辎重兵第 101 联队本部军官

12月26日日本《读卖新闻》刊发的日军乘坐沪杭甬铁路火车进犯杭州的照片

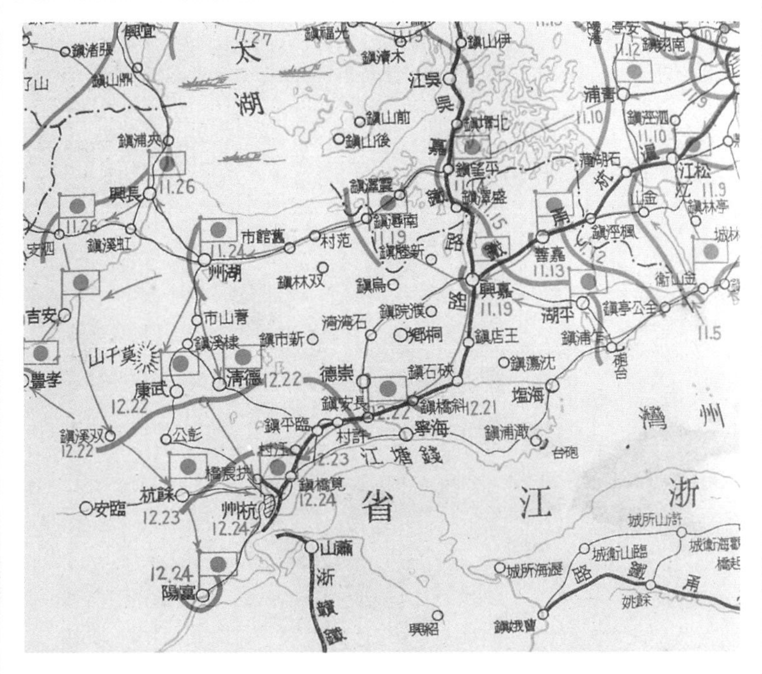

日军各部入侵嘉兴全境路线图

(3)第101师团下属部队入侵平湖、海盐、海宁各地

海盐县县长曲万森在日军金山卫登陆后擅离职守

说明：其他政府官员亦作鸟兽散，致使全县长期处于无政府状态。

第101师团一部沿沪杭公路入侵平湖、海盐、海宁等地

工兵第 101 联队(八隅部队)侵占乍浦炮台

被占领的乍浦炮台

工兵第 101 联队联队长八隅锦三郎

八隅锦三郎在海盐澉浦要塞耀武扬威

野炮兵第 101 联队联队长山田秀之助

山田秀之助率部侵占海盐

步兵第 102 旅团旅团长工藤义雄

步兵第 157 联队联队长福井浩太郎

步兵第 157 联队本部官兵

步兵第 157 联队第 1 大队大队长
广濑利善

步兵第 157 联队野崎部队部队长

柴田部队部队长

富泽部队部队长

成岛部队部队长

石田部队部队长

福井浩太郎侵占沪杭公路沿线的我方碉堡

步兵第 157 联队入侵平湖新仓镇

步兵第 157 联队德永部队沿沪杭公路进犯

德永部队部队长

步兵第 157 联队官兵在沪杭公路上就餐

(4)各地沦陷后的灾难

说明：以下三幅图中的数字仅限于日伪控制区域，根本无法体现出人口伤亡和财产损失的全貌。但我们仍可从中发现嘉善、海宁、平湖、嘉兴的战争创伤非常严重。

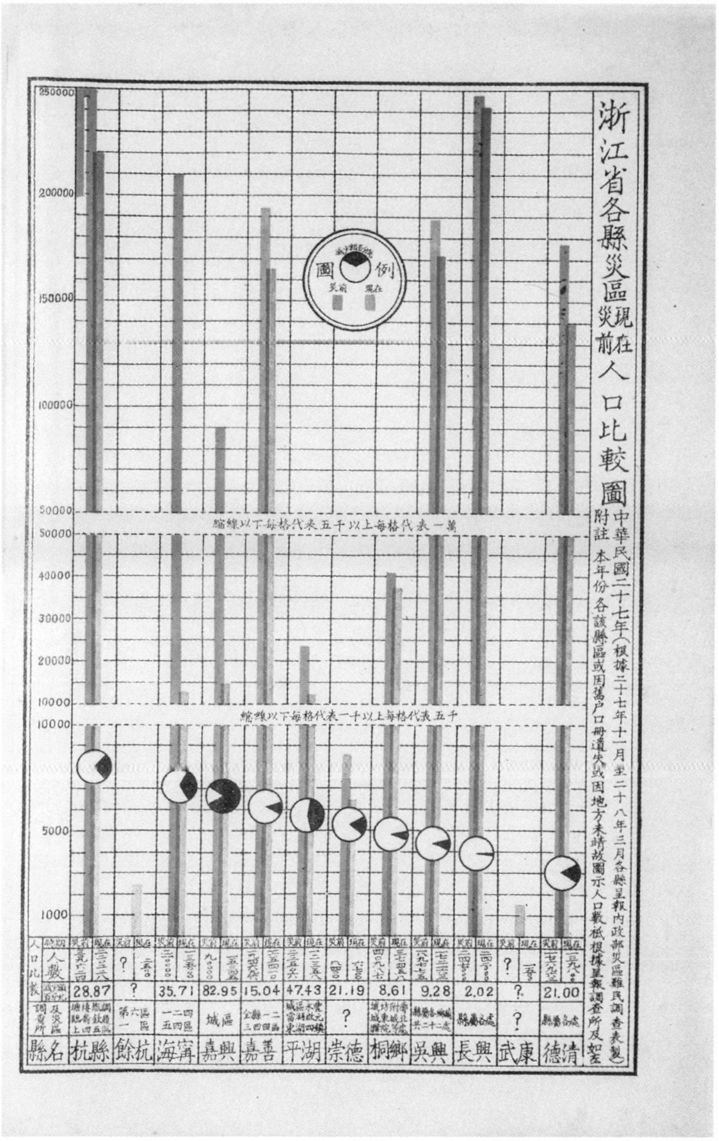

杭嘉湖 12 县日军占领地区的战前与 1938 年人口比较图

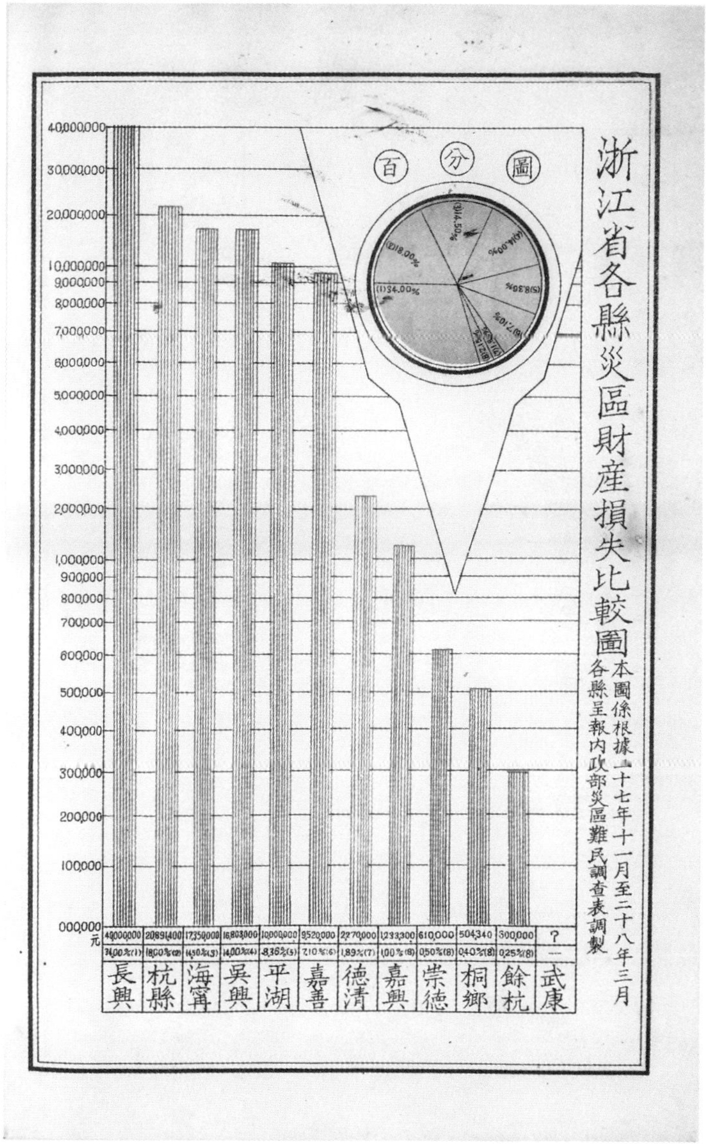

各县日军占领区财产损失统计图

记载嘉兴沦陷区惨状的《嘉兴劫后文献》封面

第四篇
军民坚持抗战与日军疯狂扫荡

1.军民坚持抗战

(1)从游击到反击

1944 年出版的《浙西初期抗战史话》详细记述了境内的抗战历程，可谓第一部“嘉兴抗战史”

沦陷初期各抗日游击部队分布图

平湖乡民陈新民于 1937 年年底组织“守望团”抗击日伪，但不幸于 1938 年 5 月作战时中弹牺牲。图为陈的遗孀及其父亲

组织领导“嘉属抗日义勇军”的姜维贤

说明：该部配合正规军作战或单独作战，成为境内民间抗日的主要力量。

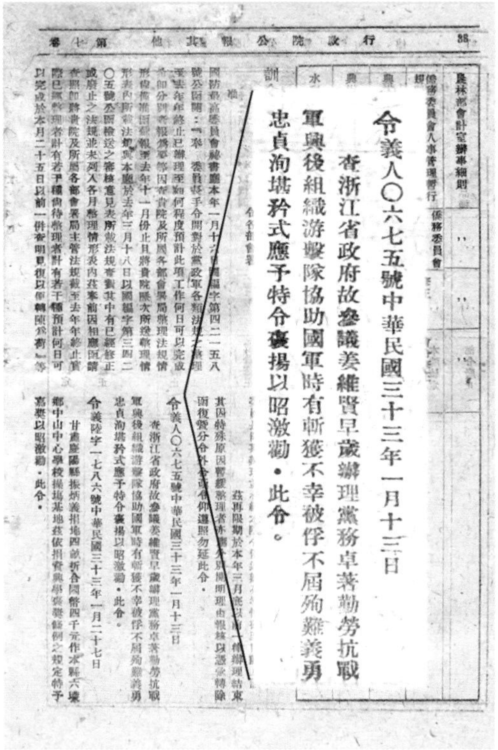

令義人〇六七五號中華民國三十三年一月十三日

查浙江省政府故參議姜維賢早歲辦理黨務卓著勤勞抗戰軍興後組織游擊隊協助國軍時有斬獲不幸被俘不屈殉難義勇忠貞洵堪矜式應予特令褒揚以昭激勸。此令。

1942 年 2 月姜维贤被捕殉国，1944 年 1 月国民政府行政院颁发了褒奖令

周问寰(中排右一)及其家人

说明：周最初自组抗日自卫队，后出任“嘉属抗日义勇军”第 5 大队大队长，1940 年 6 月在与日军交战时中弹牺牲。

“双枪王八妹”——黄百器

说明：抗战爆发后，黄百器在江苏奉贤乡间收集枪支，组织武装，1938 年 6 月被第 62 师收编，与谢友胜部组成“江南挺进纵队”并与谢结为夫妇。

谢友胜、黄八妹夫妇
与女儿合影

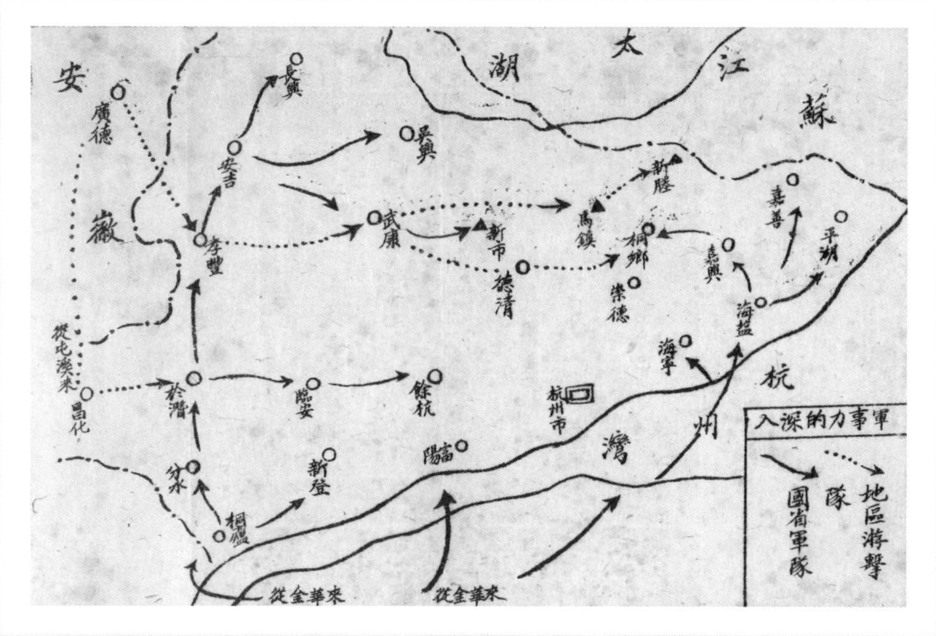

国民政府军各抗日部队深入敌后路线图

说明：由于上述游击部队良莠不齐，国民政府军政力量陆续返回境内进行收编，增强抗日力量。

说明：该军下属的第 62 师多次克服海盐、桐乡、乌镇、新塍等日伪据点，挫败日军海北大扫荡。因该部士兵头戴竹笠，所以民间习称为“箬帽兵”。

第 28 军军长陶广

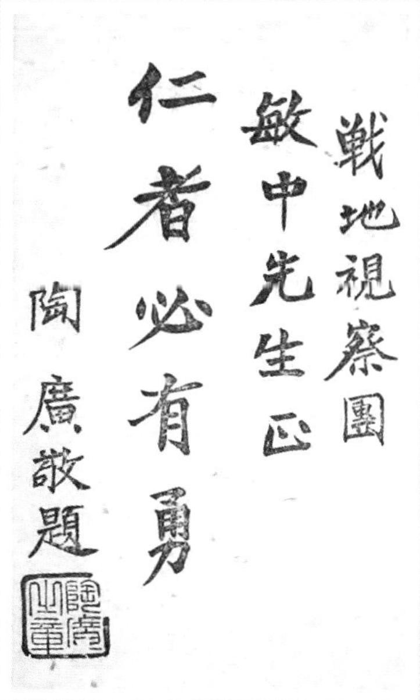

陶广给时任战地视察团成员
许敏中的题词

1938 年 5 月中旬,国民政府渡江部队"冲过钱塘江,保卫杭嘉湖"。图为该部冒雨登船的情景

船行至钱塘江江心时,部队士兵纷纷匍匐隐蔽

傍晚临近北岸时,部队士兵瞄准岸上目标准备射击

该部登陆后突破了日军用铁丝网筑起的防线

该部士兵搜索日军放弃的战壕

该部士兵与江岸附近的日军交火

渡江部队化整为零，分组进军

深入境内的国民政府军队士兵正在休息，随时准备出发抗敌

1938年5月14日第62师首次克复海盐城，次日举行了军民联欢大会

第28军军长陶广在前线训话

第62师师长陶柳向前线部队训话

第62师袁亚初旅长克复海盐后巡视前线地区

在国统区金华出版的《战地》杂志封面刊登了“箬帽军夜袭图”

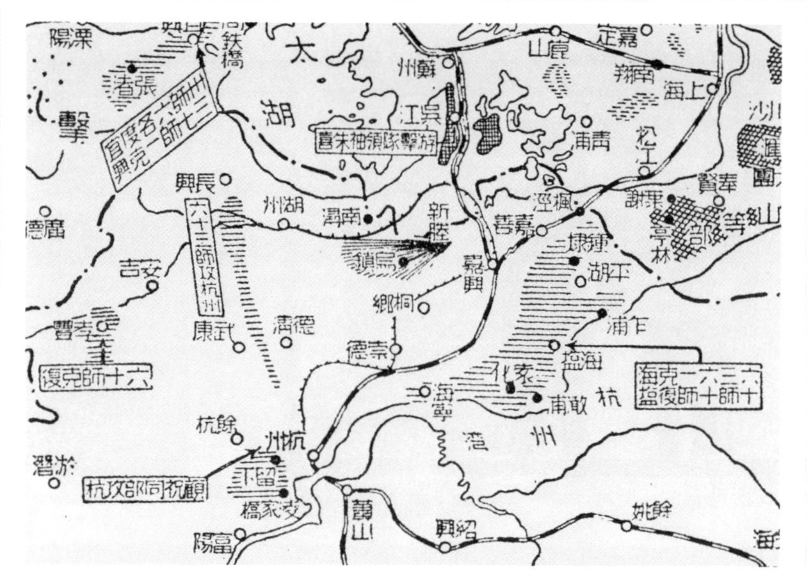

1938 年钱塘江以北地区游击、攻城战示意图

说明：新塍至乌镇一带由第三战区江南抗日自卫挺进总队一部控制，但克复海盐城的部队应为第 62 师。

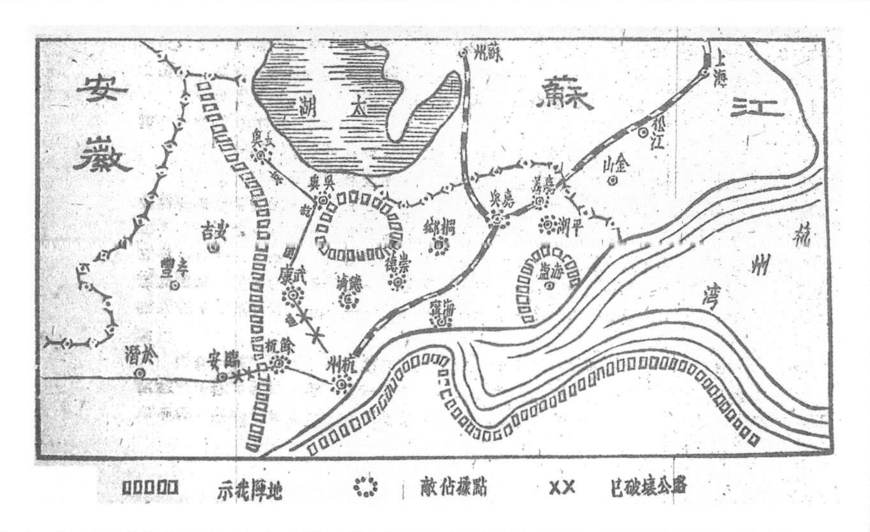

1938 年敌我阵地示意图。海盐城及其周边地区已被从浙东渡海而来的抗日部队收复

整装待发的我军部队

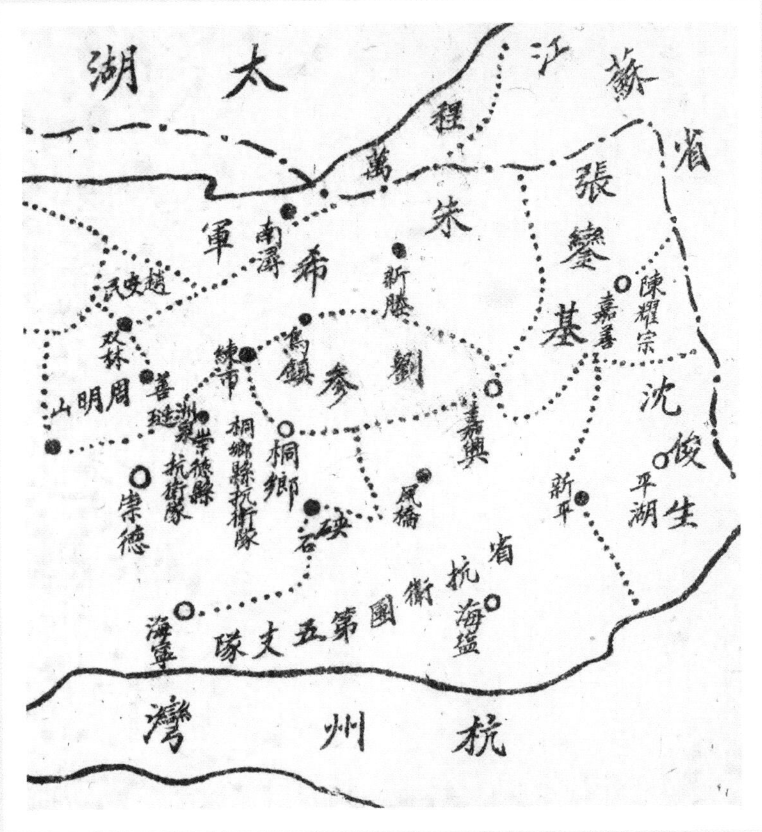

各游击部队被国民政府收编后新组建部队的分布图

第一挺进队第一路指挥部总指挥朱希

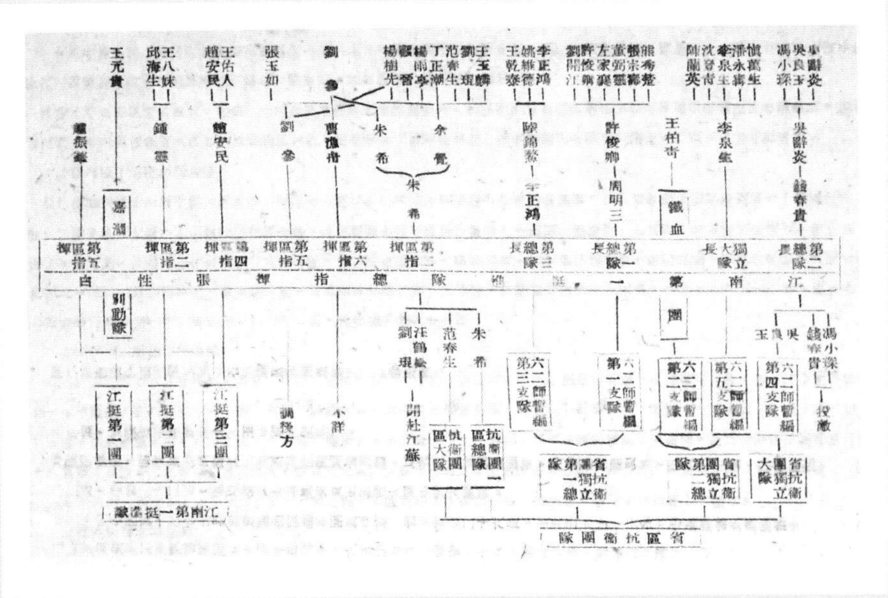

第三战区江南抗日自卫挺进总队
第一挺进队组织结构图

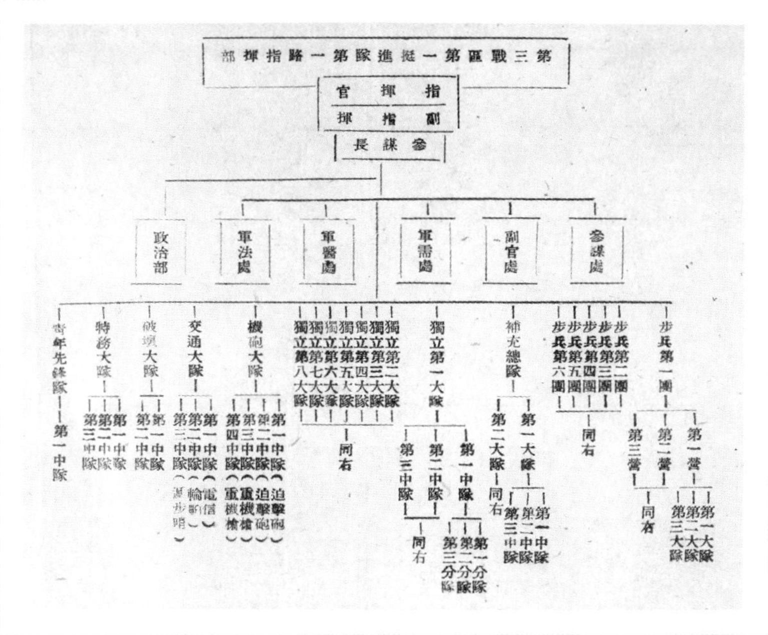

第一路指挥部组织结构图

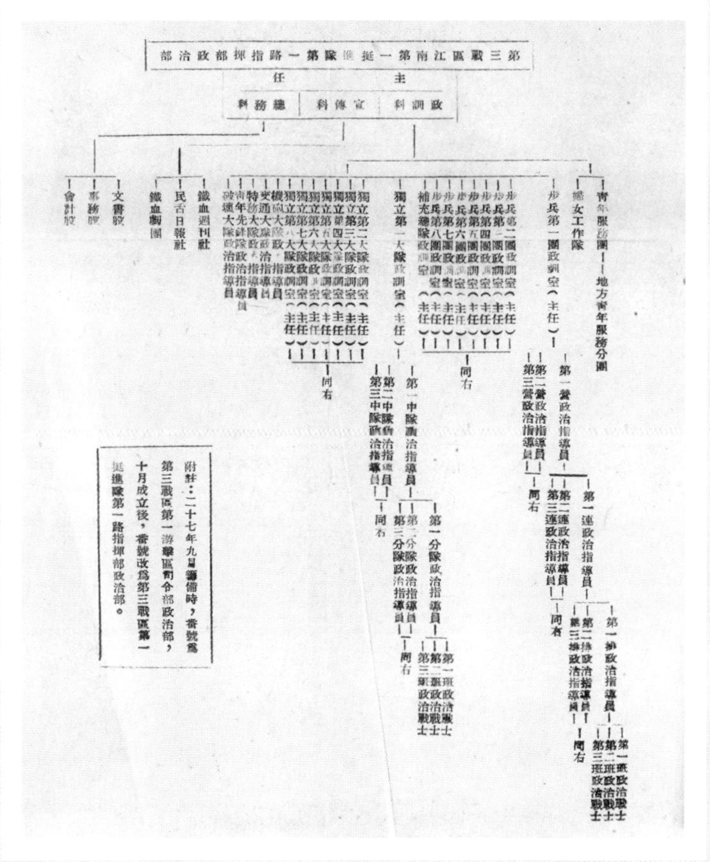

政治部组织系统图

说明：朱希联系新四军开展政治教育和宣传工作，成为国共合作抗日的典范。

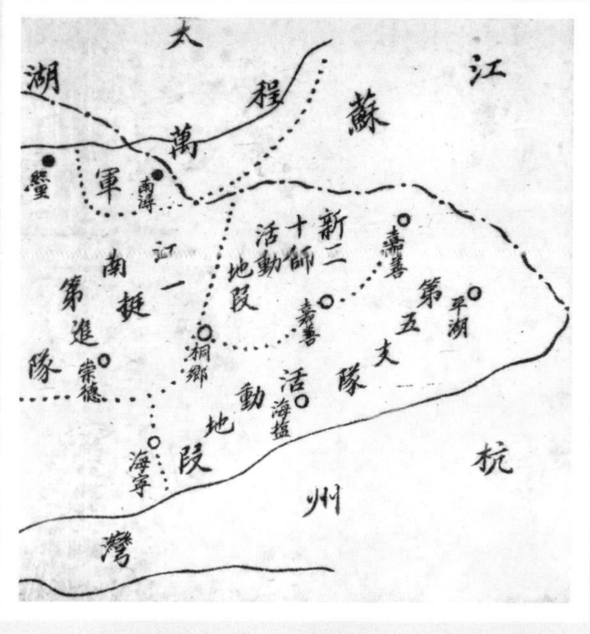

第一挺进队发展至顶峰时期的各部队分布图

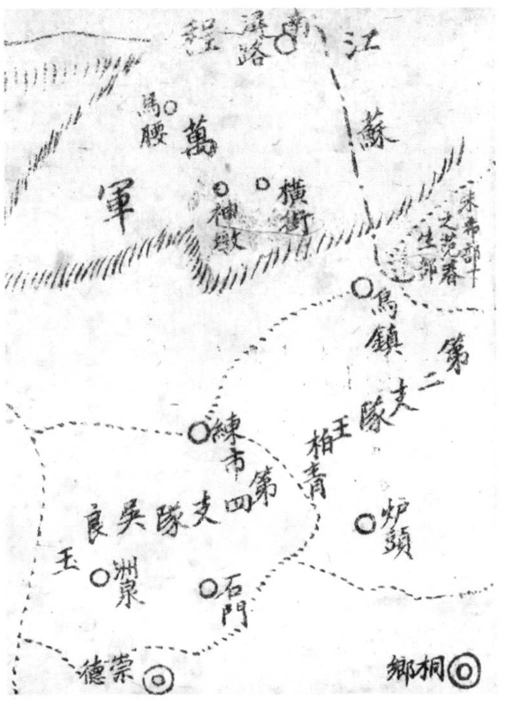

第一挺进队崩溃后第62师368团（谢明强部）收编的第二、四两支队的活动区域图

第三卷 戰地 28

衝進桐鄉城所獲戰利品

這里：是本團團員李子芳同志隨軍衝入桐鄉縣城所獲戰利品，是戰團工作同志新的戰蹟之一

桐鄉縣偽警察所所佩的臂章

偽桐鄉縣公署所在地

桐鄉偽警察所成立典禮攝影

桐鄉敵寇的巢穴深居簡出怕我游擊隊襲擊

桐鄉偽警察所長與偽宣撫班長合影

《战地》杂志刊发了一组1939年5月第368团攻克桐乡城后缴获的日伪照片（详见第六篇）

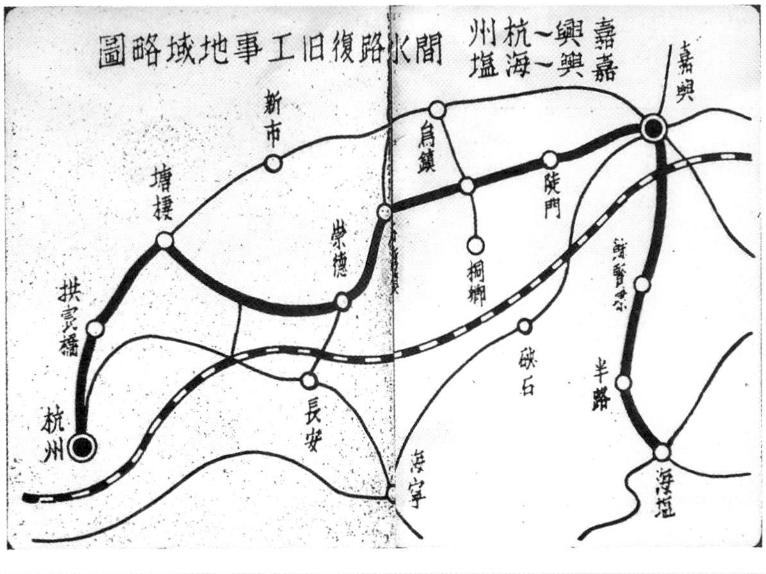

日军计划开通被抗日军民堵塞的水道图

说明：1939年起，运河嘉兴至杭州段、平湖塘、乍浦塘、海盐塘沿线的游击战事持续不断，各条水道被抗日军民分段堵塞，阻断交通。

抗日部队联合当地民众在嘉兴陡门桥附近的运河中拦河筑坝

我方用长 8 米直径 40 厘米的圆木、石桥的石料、寺庙的门板和石柱等物体进行堵塞

从陡门桥上俯瞰被拦截的运河。图为日军强征壮丁开挖河道

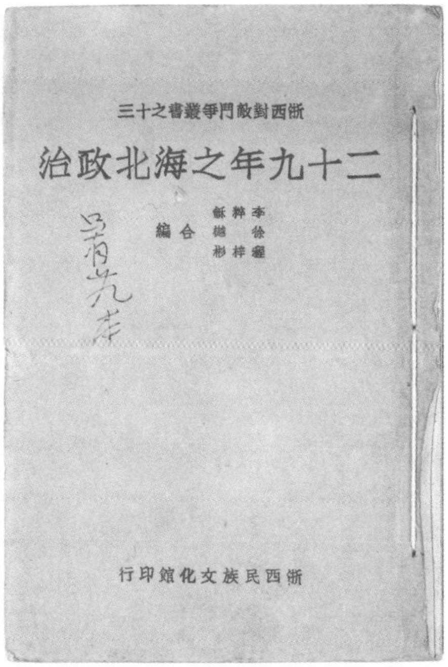

记载 1938–1940 年海北地区抗战局势的《二十九年之海北政治》

说明："海北"指的是杭州湾以北的海宁、海盐、平湖、嘉善、嘉兴五县。

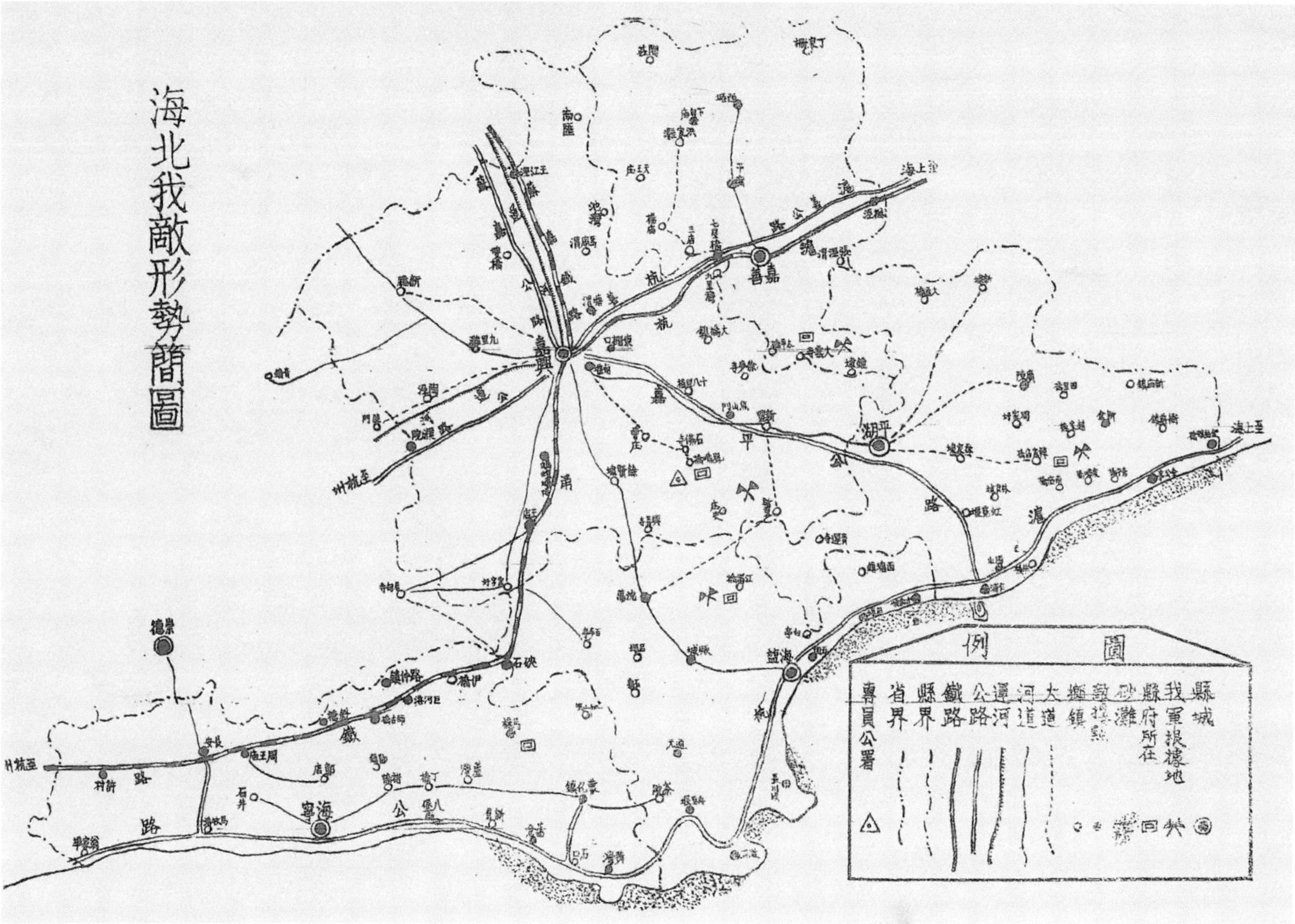

1940 年海北敌我形势简图

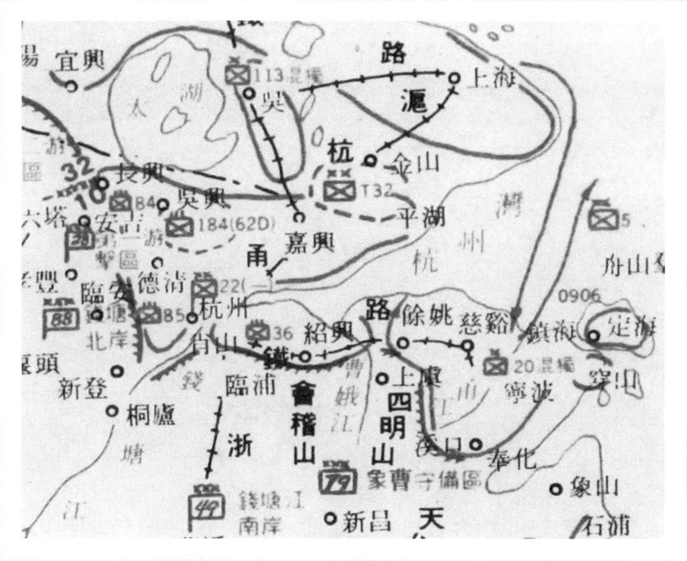

1941 年第二次长沙会战前中日军队对峙图(9 月 20 日)

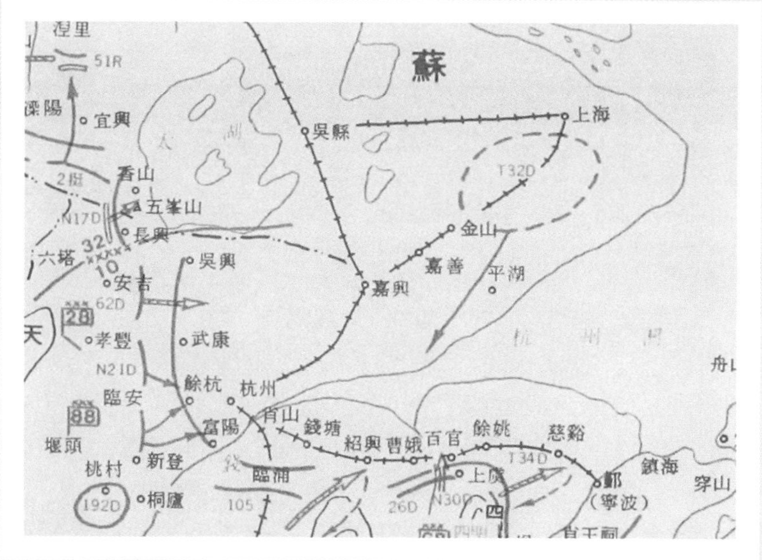

第二次长沙会战浙江策应战示意图

说明：因暂编第 32 师奉命调往浙东，境内缺乏抗日部队，从而为日伪清乡(参见第八篇)提供了可乘之机。

忠义救国军副总指挥、苏嘉沪挺进纵队司令阮清源

说明：该部 1941 年进驻江浙交界地区，虽冠以“嘉”字，但很少在境内作战。

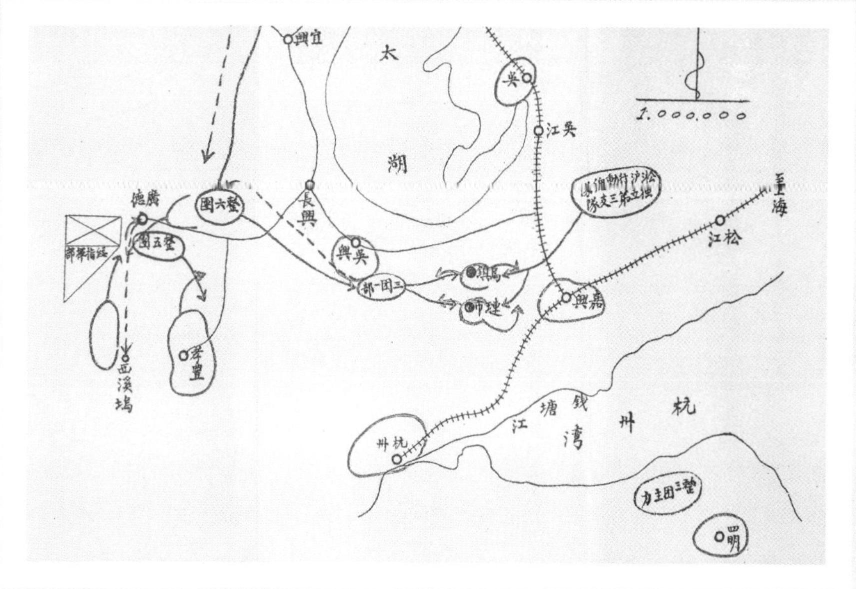

忠义救国军淞沪行动总队独立第 3 支队在乌镇等地调防路线图

1942 年谢友胜、黄百器部加入忠义救国军，接受美式训练与武器装备

黄百器与美军驻华陆空部辅助队联络参谋蒋海伦（后排左三）、联络员沈荣林（后排左二）合影

抗战后期谢、黄部队被委任为“护航大队”，用民船运送杭州湾一带抗日部队的武器。右上为该部总参谋干凯军

说明：平湖县县长许敏中被捕后，1940 年初干凯军曾任代理县长。

说明：在抗日救亡的感召下，伪军纷纷起义反正。

三个弃暗投明的伪军士兵

(2)政治力量的反攻

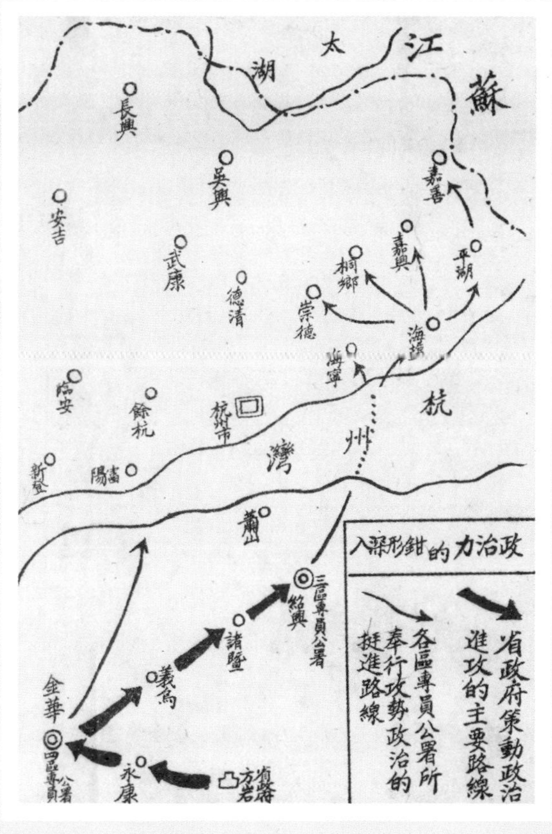

撤往浙南的浙江省政府及各区行政督察专员公署开展政治反攻

1938 年 1 月至 5 月初任嘉兴县县长、嘉兴县行动委员会主任的陆初觉

嘉興縣政府告民衆書

自去年七月八日抗戰發動以後，由北戰場，西戰場而東戰場，半年多來的戰爭，我們不但沒有稍存悲觀，反而更加强了我們抗戰的意志，其志氣之壯，犧牲之烈實足以動天地而泣鬼神，這種爲民族而戰鬥的精神，便是我們爭取最後勝利的最大力量。台兒莊一戰，使戰爭起了一個大的轉變，就是，我們巧妙地運用遊擊戰的技術，來逐漸消耗敵力，逐部分的殲滅敵人，增加最後勝利的把握。

我們知道，在北戰場及西戰場，已在充分地利用了遊擊術，而得到了最大的效果，我們處在東戰場的人民，應如何急起直追，以響應前線的忠勇將士？我們應該堅定我們的意志，相信自己，相信我們最高領袖，勿貽敵人漢奸以挑撥離間的機會，我知道我們優秀的炎黃子孫，必能爲鞏固民族生存而戮力。

本縣長奉命來長嘉興，規復國土，安定人民，爲應盡之天職，在縣城尚未收復以前，先行在鄉視事，當此接事之初，殲滅敵寇，肅清漢奸，招集流亡，各安生業，工作至爲艱巨，非得地方上的同胞，共同努力不爲功。同胞們！我們應該努力站在一條戰線上，精誠團結，一致抗戰到底，努力爲我們千百年後的子子孫孫，打開一條生路，達到全民族解放的最後目的。

縣長趙熾

1938 年 6 月继任县长赵炽发布的《嘉兴县政府告民众书》

1940、1943 年两度出任嘉兴县县长的王梓良

1938 年 8 月浙江省政府任命的海宁县县长阮性之，一年后因战斗环境恶劣而托病辞职

1939 年 5 月许敏中受第 10 集团军委派担任平湖县县长

说明：9 月底许被日军逮捕，后成功逃脱，不久再次返回境内。

1939 年海北各县党政人员动员民众抢修坍塌的海宁七堡海塘

浙江省抗日自卫总团第五支队政训处主任胡云翼

说明：胡
投笔从戎，在
境内从事抗日
活动，故在抗
战胜利后出任
嘉兴县县长。

“冲过钱塘江，保卫杭嘉湖”的女战士签名

1938 年 11 月浙江省第三区抗日自卫妇女营第一区队成功袭击沪杭甬铁路王店站后回到海盐，在城内大场整队

说明：妇
女营袭击王
店站事件引
起强烈反响，
《大公报》等
报刊作了多
次专题报道。

该照片刊登在民国著名女性杂志《妇女生活》的封面上

妇女营占领曾被日军改作营房的海盐天成丝厂

妇女营在海盐朱家祠堂原日军驻扎地合影

妇女营在海盐、海宁交界处的水北村警戒

说明：1938 年 7 月 31 日，刚渡过钱塘江的浙江省第三区政工队队员黄匡、张怀德等 20 余人在茶院镇放生桥等地与日军遭遇，全部壮烈牺牲。

埋葬在海盐茶院镇金粟寺（图中 X 处）附近的青年战士墓

金粟寺旁埋葬三女一男

放生桥边的岸滩上埋葬了张怀德和一名女团员

金粟寺对岸的防空壕中埋葬 16 人，其中还有一部分担任向导的当地民众

牺牲的女团员袁湘君，21岁，海宁人，战前为嘉兴福音医院（今第二医院址）护士

陈忆姜，29岁

徐珏英，22岁

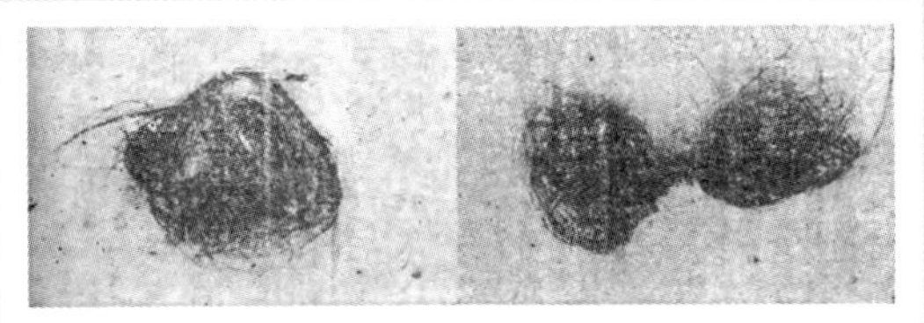

女团员的遗发

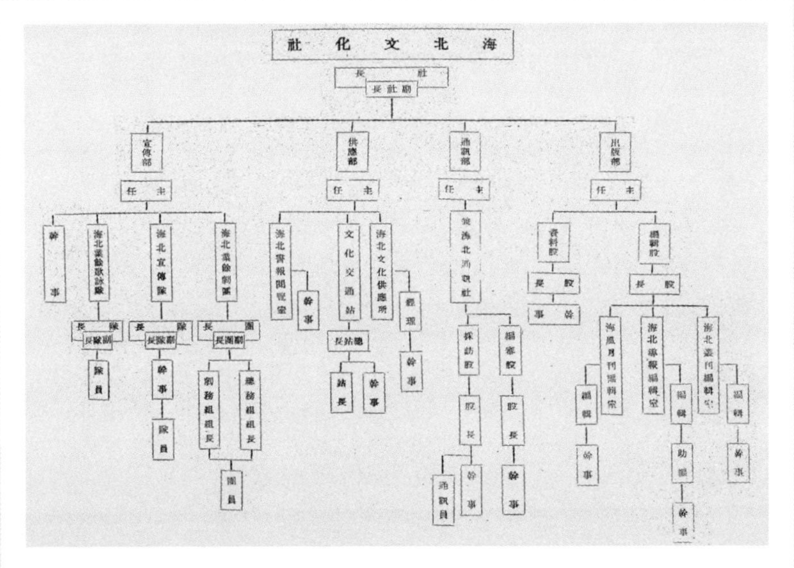

海北文化社组织结构图

说明：该社积极配合当地抗日武装实施宣传教育，防止沦陷区民众被日伪思想毒化。

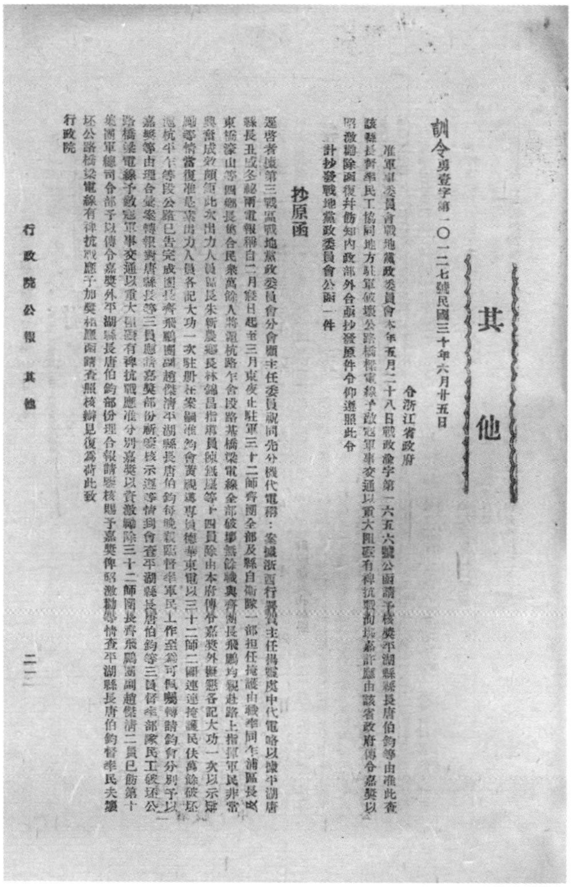

其他

訓令勇壹字第一〇一二七號民國三十年六月廿五日

令浙江省政府

准軍事委員會戰地黨政委員會本年五月二十八日戰政發字第一六五六號公函請予核獎平湖縣縣長唐伯鈞等由准此查該縣長督率民工協同地方駐軍破壞公路橋樑電線予敵寇軍事交通以重大阻礙有裨抗戰洵堪嘉許應由該省政府傳令嘉獎以昭激勸除函復并飭知內政部外合亟抄發原件令仰遵照此令

計抄發戰地黨政委員會公函一件

抄原函

逕啓者據第三戰區戰地黨政委員會分會顧主任委員祝同先分機代電稱：案據浙西行署賀主任揚靈虞中代電略以據平湖唐縣長丑感冬巧兩電報稱自二月巧日起至三月東夜止駐軍三十二師齊團全部及縣自衛隊一部担任掩護由職率同乍浦區長沈東協滄山等四鄉長傳合民眾萬餘人將滬杭路乍金段路基橋樑電線全部破壞無餘職與齊團長飛鵬均親赴路上指揮軍民非常興奮成效頗著此次出力人員區長朱斯農鄉長林錦昌指導員陳鐵屋等十四員除由本府傳令嘉獎外擬懇各記大功一次以示鼓勵等情當復准是案出力人員各記大功一次註冊在案關准為會黃視導專員德華東電以三十二師二團連適掩護民伕萬餘破坏滬杭平乍等段公路已告完成團長齊飛鵬團副趙傑清平湖縣長唐伯鈞每晚親臨督率軍民工作至為可佩懇轉請鈞會分別予以嘉獎等由理合彙案轉懇將唐縣長等三員應請嘉獎部份嘶賜核示遵等情到會查平湖縣長唐伯鈞等三員督率部隊民工破坏公路橋樑電線予敵寇軍事交通以重大阻礙有裨抗戰應准分別嘉獎以資激勵除三十二師團長齊飛鵬團副趙傑清二員已飭第十集團軍總司令部予以傳令嘉獎外平湖縣長唐伯鈞部份理合報請鑒核賜予嘉獎俾昭激勵等情查平湖縣長唐伯鈞督率民夫破坏公路橋樑電線有裨抗戰應予加獎相應函請查照核辦見復為荷此致

行政院

行政院公報 其他 二三

1941 年 6 月国民政府令浙江省政府嘉奖时任平湖县县长的唐伯钧

说明：平湖为日伪统治的核心区域，抗战环境极其恶劣。唐在 1942 年 9 月日伪清乡开始时逃离，由秘书盛志超代理县长职务，盛不久在日军的围困中死去。

1943 年 4 月日伪清乡高峰时期出任平湖县县长的张穆舟

(3)不愿做奴隶的人们

嘉兴乡民在烈日下的河道中挥汗打桩，积极配合抗日武装开展阻敌斗争

打桩后再用树枝阻塞河道

平湖、海盐交界处的四顾桥（今属海盐西塘桥镇）桥东筑有一条堤坝，桥西的河道中插满木桩以阻止日军船艇的入侵

华东联合中学时期的秀州中学全体教职员(摄于 1939 年 11 月 13 日)

秀州中学校长顾惠人携不愿作亡国奴的师生迁往上海公共租界,与其他学校合组成立华东联合中学

华东联合中学里的秀州中学全体师生(摄于 1939 年冬上海兆丰花园)

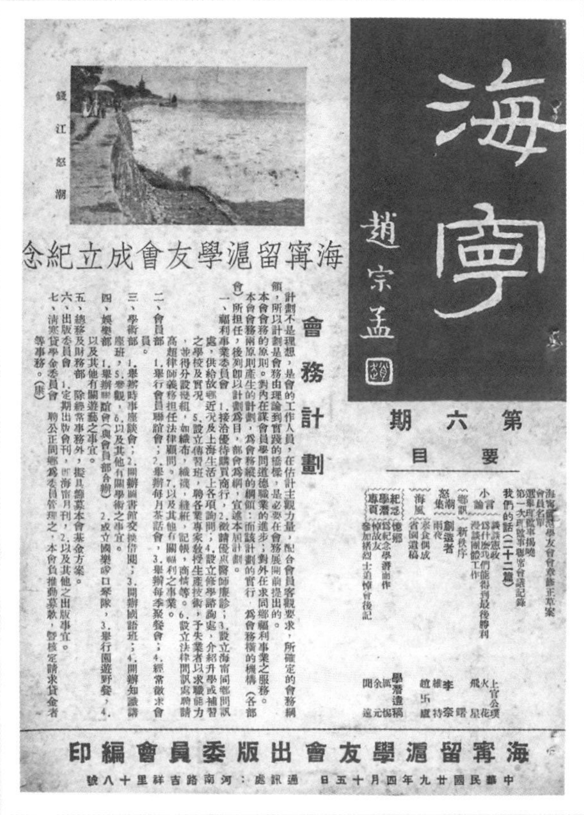
海甯

趙宗孟

錢江怒潮

第六期

要目

海甯留滬學友會會章修正草案
會員名單
選舉理監事揭曉
第一次理監事聯席會議記錄
我們的話（二十二篇）
小言論 談談憲政 爲什麼我們能得到最後勝利 漫談團體工作
鄉訊 新秩序
怒潮集 創造者 雨夜
海風 寒食偶成 省園遺稿
紀念學潛專頁 憶鄉 紀念學潛前作 悼故友 參加楮烈士追悼會後記

海甯留滬學友會成立紀念

會務計劃

計劃不是理想，是會的工作人員，在估計主觀力量，配合會員客觀要求，所確定的會務綱領，所以計劃是會務由理論到實踐的橋樑，是必要在會務展開前提出的。

本會會務的原則。對內在謀會員學問道德職業的進步；對外在求同鄉福利事業之服務。本會會務兩原則產生的計劃，爲會務縱的綱領；而該計劃的實行，爲會務橫的機構（各部會）所担任，後列即以計劃爲目，部會爲綱，宣述本屆計劃。

一、福利事業委員會 1.接洽優待購買商行，2.徵請優惠醫師應診；3.設立海甯同鄉問訊處，供給故鄉近况及上海生活上各項詢問；4.設立修學諮詢處，介紹升學或補習之學校及實况 5.設立傳習班，聘各業專家教授生產技術，予失業者以求職能力，並得分設從組，如織布，織襪，縫紉，記帳，商情等。6.設立法律問訊處聘請高超律師義務担任法律顧問，7.以及其他有關福利之事業。

二、會員部 1.舉行會員聯誼會；2.舉辦每月茶話會，3.舉辦每季聚餐會；4.經常徵求會員。

三、學術部 1.舉辦時事座談會；2.開辦圖書館交換借閱；3.開辦國語班；4.開辦知識講座班，5.參觀，6.以及其他有關學術之事宜。

四、娛樂部 1.舉辦聯誼會（與會員部合辦）2.成立國樂口琴隊，3.舉行園遊野餐，4.以及其他有關遊藝之事宜。

五、總務及財務部 除經常事務外，擬具籌募本會基金方案。

六、出版委員會 1.定期出版會刊，即海甯月刊，2.以及其他之出版事宜。

七、清寒貸學金委員會 聘公正同鄉爲委員管理之，本會負推動募款，暨核定請求貸金者等事務。（康）

海甯留滬學友會出版委員會編印

中華民國廿九年四月十五日 通訊處：河南路吉祥里十八號

在孤岛上海成立的“海宁留沪学友会”创办的《海宁》杂志

说明：该刊为抗击日伪、收复家乡的宣传阵地。

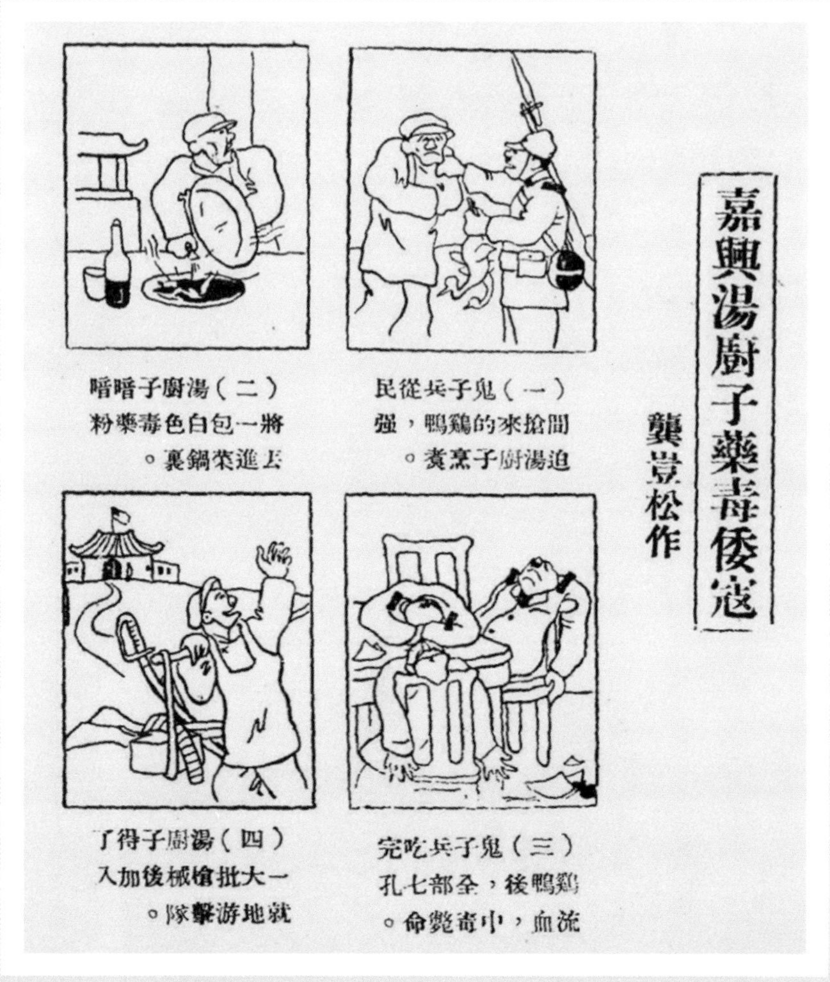

金华永康出版的《一条心》杂志刊登了“嘉兴汤厨子药毒倭寇”的漫画

2.日军疯狂反扑扫荡

(1)1938年11月,第22师团步兵第84联队(山本部队)扫荡驻扎在桐乡乌镇至湖州新市一带的江南第一挺进队第一路指挥部(朱希部队)

说明:日军鉴于朱希部队中"共产系势力的增大",于11月8日出动"抗"部队和山本部队的部分兵力,总计一万余人,分成七个纵队袭击朱部,同时派出飞机进行空袭。次日,日军突破了我方阵地并占领了乌镇和新市镇。

第22师团师团长土桥一次

山本部队官兵,联队长为山本三男

日军从杭州拱宸桥集合出发

日军分乘多艘船只进犯

日军乘船直逼乌镇

日军乘船进犯中

日军沿水路进犯时对我国常见的帆船感到十分好奇

日军在船上观测我方军情

日军逼近我方阵地,等待我军出现

日军赤身裸体下水排除我方设置的障碍物

日军乘船迂回至我后方登陆

日军在我后方上陆

日军爬上民房观测战场情况

日军侦查我方阵地

日军通信兵发送电报

日军践踏桑地并沿其间的小路进犯

朱希部队的顽强抵抗迫使日军出动飞机协助地面部队结束战役

我军的哨所被日军纵火焚毁

日军占领我军兵营

战役结束后被日军虏获的我军军旗等物品，但日军也承认此役十分惨烈

说明：朱希部队两个团撤离乌镇后转移至湖州境内的钟家墩杨开庙。11日遭到日军包围夹击，该部在蔡家抖附近突围失败，伤亡达八九百人。在该部工作的中共党员徐由整、徐泉生、丁真以及第二团团长王玉麟等人牺牲，朱希在当地农民掩护下方得脱险。

(2)1939年2月第22师团所属部队扫荡海盐澉浦

说明：海盐及澉浦附近为中方游击队的根据地，因此从2月23日起，日军“抗”部队之一部纠集富士井部队（独立混成第11旅团）组成数支纵队向澉浦—黄湾一线进犯，将游击队的主力压迫在澉浦镇东西一线，我军因伤亡惨重而被迫放弃了该根据地。同时日军留下了一支部队阻止我渡江部队登陆，并继续乘船追击扫荡，至28日结束此役。

日军分乘船只进犯

日军用临时制作的梯子渡河进犯

日军在行军途中清除我方布置在水中的障碍物

日军经石拱桥继续进犯

日军修理被我方破坏的石板桥

日军边警戒边沿河前进

日军瞄准我军阵地后实施炮击

日军医疗队收容被我军毙伤的士兵

(3)1939年5月在平湖、嘉善扫荡的第22师团步兵第86联队(松田部队)

说明:1939年国民政府军独立第45旅(张銮基部队)约2000人控制了嘉善东南和平湖东北部地区。5月16日,日军独立混成第11旅团嘉兴警备队勾结"抗"部队之一部以及松田部队编成五个纵队分头进犯,18日扫荡了该独立旅的根据地,给我军造成重大损失,于20日撤回原驻地。

松田部队官兵,联队长为松田岩

我方为阻止日军入侵而在桥下设置的障碍物

日军清除水中障碍物

日军用轻机枪扫射我军阵地

尽管该炮炮身已经损坏，但日军仍丧心病狂地炮击我方阵地

日军乘船迂回至我后方登陆

日军利用临时制成的梯子渡河进犯

(4)1939年5月第22师团高原部队在石湾镇(今桐乡石门)附近扫荡

说明:5月上旬开始,我军第62师约一千人包围了石湾镇并计划袭击桐乡、崇德的日军守备队。日军获悉后以高原部队作为主力,在乌镇守备队的协助下从20日起开始扫荡,次日拂晓侵占了石湾镇的周边区域,但随后就被第62师围歼。

高原部队军官

日军通过沪杭铁路集结,然后向石湾等地进犯

日军在营地准备出兵

日军分乘汽车进犯

日军分乘船只向我军袭来

日军将炮装上船

日军乘船经过某三孔石桥

日军沿运河继续入侵

(5)第18师团一部扫荡平湖、海盐

1938年7月新任第18师团师团长久纳诚一

1938年7月之后的第18师团士官,其中就有率部入侵、扫荡的平、海两县者

参与扫荡的联队长竹下

山田部队从上海出发,沿黄浦江进犯海盐

日军在平湖报本塔附近上岸

日军清除我方在桥下河道内设置的障碍物

实施快速登陆的日军部队

步兵第 55 联队(野副部队)在海盐沈荡镇集结

(6)独立混成第 11 旅团扫荡、盘踞境内各地

1939-1941 年先后担任该旅团旅团长的富士井末吉（左）和高桥重三(右)

该旅团一部扫荡桐乡(左上)、崇德以及灵安一带(右上);下面两图为该旅团在嘉兴城内的中山厅"祭奠"被我军击毙的大量官兵

第五篇
日本殖民统治与掠夺

1.盘踞嘉兴各地的日军

说明：沦陷时期占领嘉兴地区的日军部队有第22师团(详见第四篇)、独立混成第11旅团、第18师团、第5师团龙田旅团、第70师团第61旅团以及铁道联队、通信部队等，以下仅列出部分侵略者的照片。让我们记住他们的丑恶嘴脸，并希望能唤起当事人的记忆，揭露这些刽子手的种种暴行!

四名穿白衬衫的日军士兵在嘉兴子城谯楼和牌坊前留影，此时的西大营驻有大批日军部队

日军特务部海宁班

日军驻海盐联络官长野

三宅长盛部队（第10军军工部队）炮兵厂嘉兴出张所

三宅长盛部队部队长

三宅长盛部队兵工厂成员

侵占枫泾、松江一带的牧野部队部队长

牧野部队本部军官

牧野部队将校

牧野部队枫泾守备队本部

抢修霸占沪杭甬、苏嘉铁路之“中支那派遣军”铁道局的局长上林市太郎，后出任日伪华中铁道株式会社总裁

说明：该株式会社成立后境内铁路结束“军管”(即由以上军铁道局管理)。

铁道第 1 联队联队长佐藤质

铁道第 1 联队士官田中

铁道第 1 联队士官岩濑

铁道第 1 联队本部军官。该部抢修境内铁路线用于进犯南京、杭州

结城部队(通讯部队)部队长

结城部队枫泾保线通讯所官兵

2.最初霸占境内铁路的“井上刚铁道联队”的部分官兵

说明：日伪华中铁道株式会社成立后这些侵略者自动转为公司职员，继续控制交通命脉。

该铁道联队联队长、日本铁道省陆运监理官井上刚

铁道联队“嘉兴机关区”官兵之一

“嘉兴机关区”官兵之二

“嘉兴机关区”官兵之三

“嘉兴机关区”官兵之四

说明:“机关区”现称为机务段。

“嘉兴检车区”官兵

“第二工事区”官兵

“第四工事区”官兵

“嘉兴通信分区”官兵

“嘉兴电力分区”官兵

“嘉兴保线区”官兵

“嘉兴保线分区”官兵

说明:“保线”即保护铁路线以防我抗日军民的破坏,因此日军所设的保线区数量均多于“机关区”“检车区”。

“硖石保线分区”官兵

嘉兴医务室官兵

“长安保线分区”官兵

嘉兴医务室主任藤野

侵占沪杭甬铁路枫泾站的铁道联队官兵

占据嘉善站的铁道联队官兵

盘踞七星桥站的铁道联队官兵

霸占嘉兴站的铁道联队官兵

侵占王店站的铁道联队官兵

霸占硖石站的铁道联队官兵

盘踞斜桥站的铁道联队官兵

占据周王庙站的铁道联队官兵

霸占长安站的铁道联队官兵

盘踞许村站的铁道联队官兵

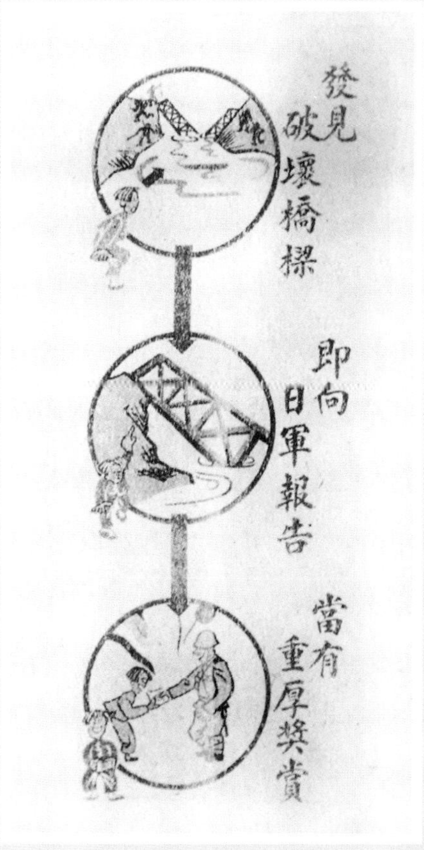

铁道联队为保护铁路而作的欺骗宣传

3.日军巡逻警戒,防备我抗日力量

日军利用王江泾长虹桥东堍的两座地堡时刻监视着来往的船只、火车和行人

苏嘉铁路王江泾站炮楼之一(1980 年代摄)

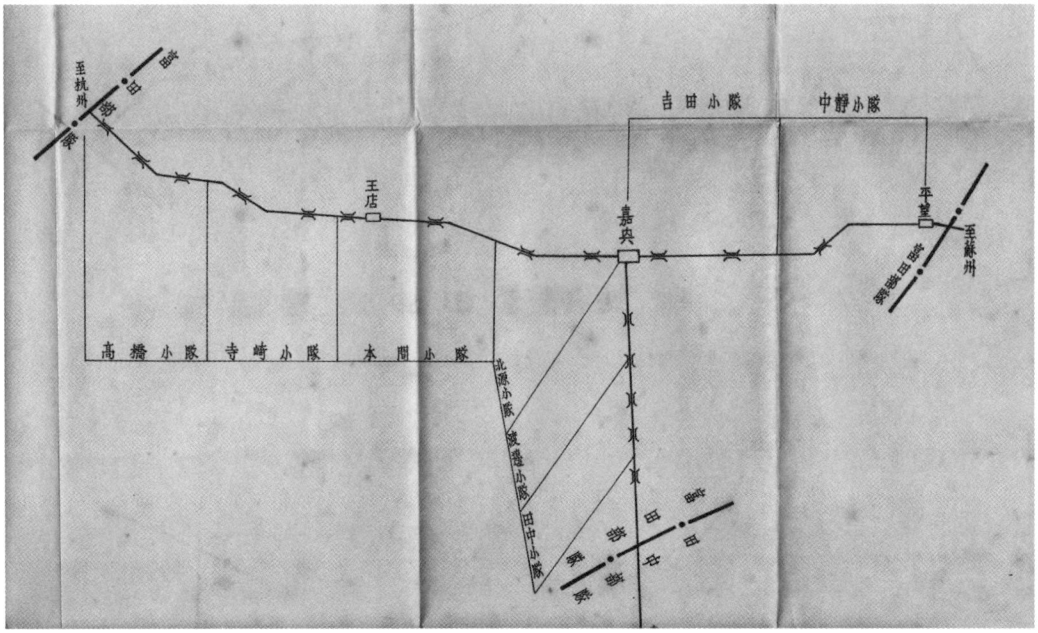

1939 年底富田部队沪杭甬、苏嘉铁路兵力配备图

日军第 22 师团一部巡视嘉兴濮院镇

日军在嘉善枫泾镇附近未建成的碉堡中警戒

日军将枫泾天主堂作为第三哨所，并在附近的地堡旁警戒

日军盘踞下的海盐澉浦镇

驻守在澉浦杭州湾海边的日军哨兵，其对面即为国民政府控制的区域,不时有军政力量渡海而来

第 22 师团崇德守备队在城内巡逻

第 22 师团一部在崇德附近巡逻

日本海军炮艇在崇德城外的运河上来回监视

日本海军士兵在境内各河道上巡逻

日军飞机在枫泾上空警戒

4.日军绘制各种军用地图、建设军用设施

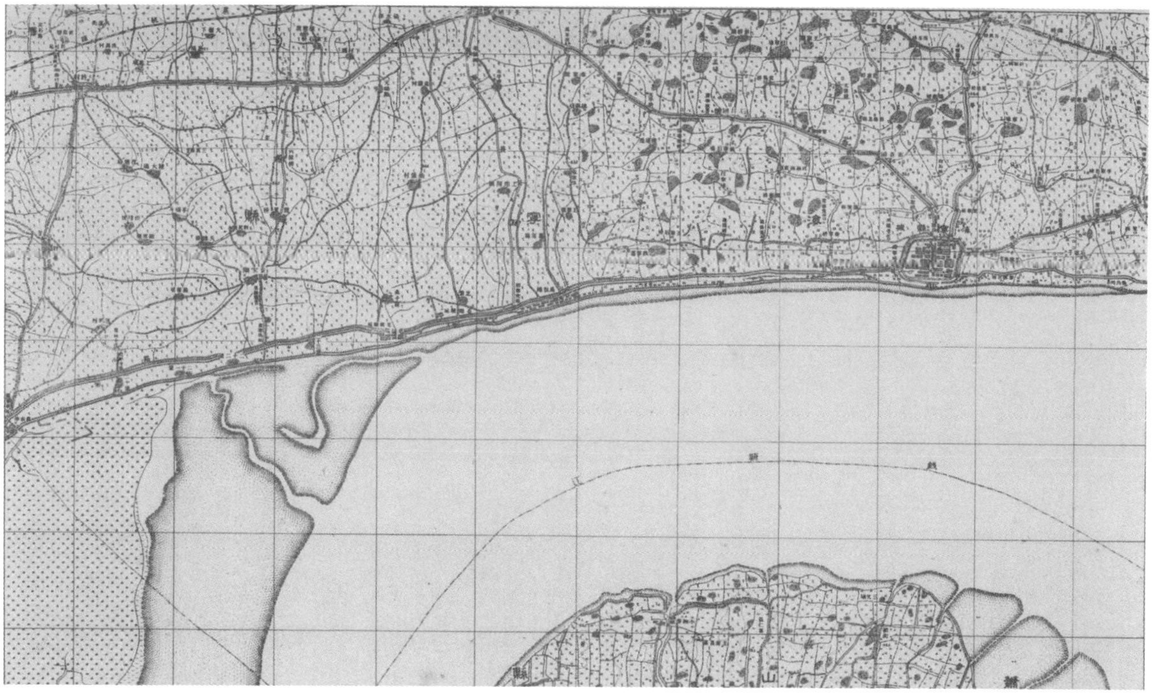

1940年5月“支那派遣军”参谋部复制的海宁县地图(局部)

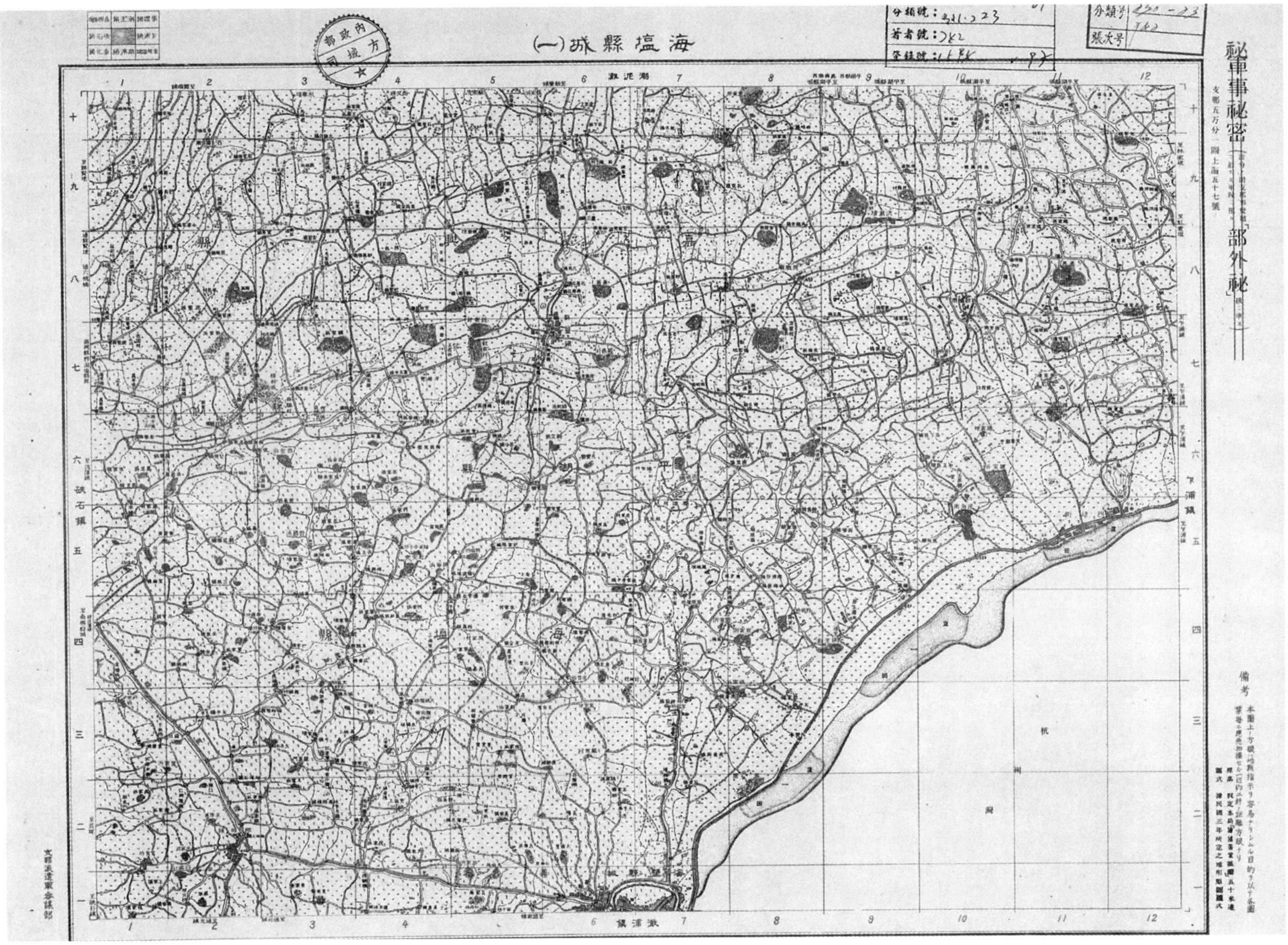

“支那派遣军”参谋部复制的海盐县地图(局部)

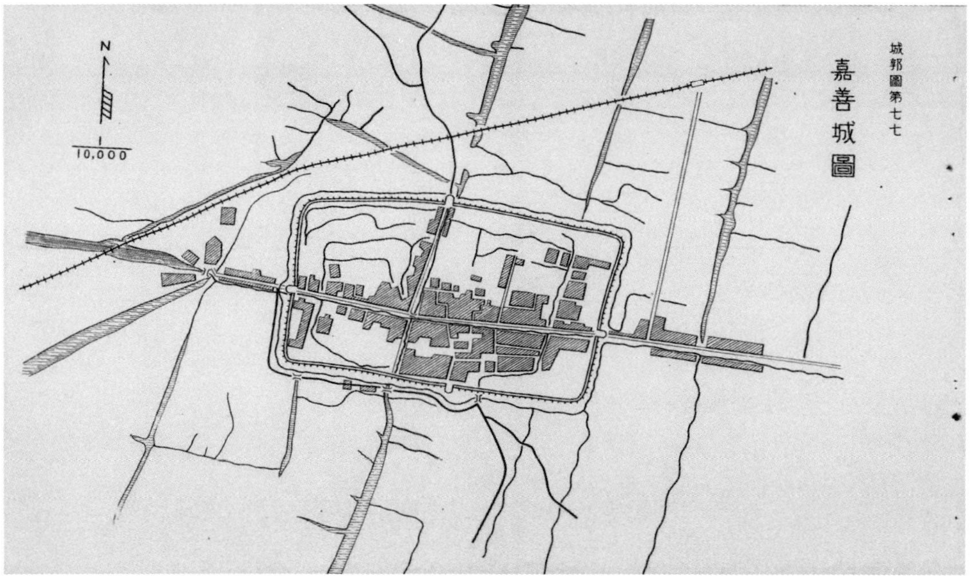

日军绘制的嘉善县城地图

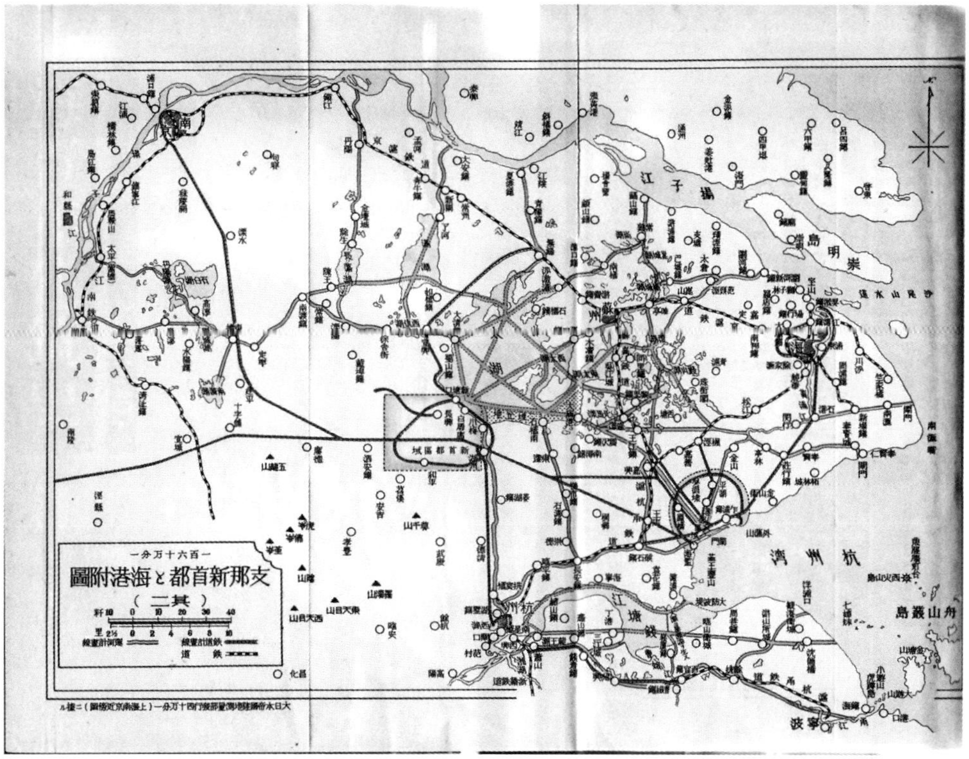

鼓吹侵华、制定“兴亚计划”的日本学者大谷光瑞绘制的“支那新首都与海港附图”，可见日方妄图通过兴建乍浦港及多条铁路与运河连接“新首都”湖州，借此取代南京和上海的地位

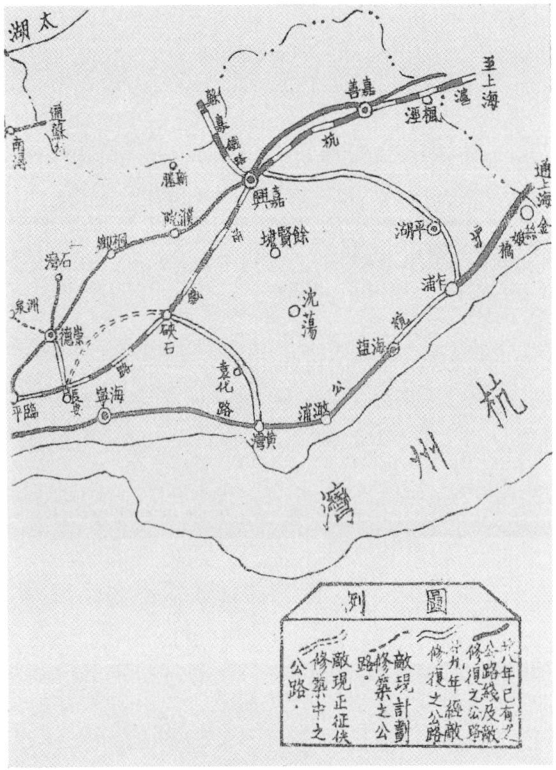

1940 年日军修复和计划兴建的公路示意图

日军结城部队修筑沿沪杭甬铁路的通讯电缆。图为日军用轨道车搬运电线杆等器材

日军用轨道车搬运电线等器材

日军在铁路边安装电线杆

日军践踏田园，修筑电线

日军乘坐速成的筏子渡河作业

日军架设电线

日军施工完毕后在松树下午餐，而前方的电线杆仍在修理中

日军越过沪杭甬铁路架设电线杆

日军在枫泾附近施工

日军把电线引到
“嘉兴合同通信所”

5.日军实施经济统制与经济掠夺

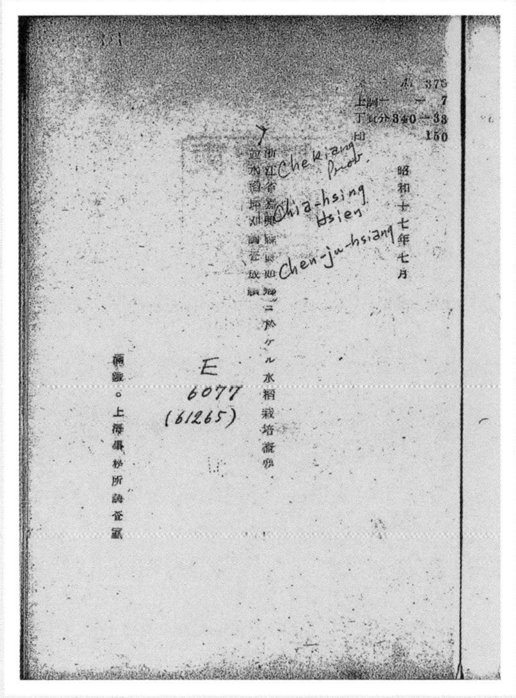

浙江省嘉興縣眞如鄉ニ於ケル水稻栽培概要
並水稻每坪收穫量調查結果

昭和十七年七月

滿鐵。上海事務所調查室

Chekiang Prov.
Chia-hsing Hsien
Chen-ju-hsiang

E
6077
(61265)

日军为掠夺更多的沦陷区粮食而在嘉兴真如乡栽培亩产更多的水稻品种。图为其调查报告《浙江省嘉兴县真如乡有关水稻栽培概要并水稻每坪收获量的调查结果》。“坪”为日本的面积单位

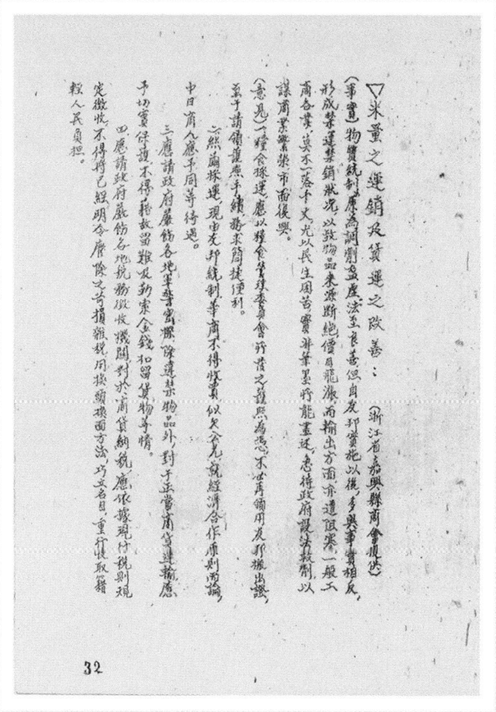

▽米量之運銷及貨運之改善：（浙江省嘉興縣商會提出）

（事實）物資統制，原為調劑盈虛，流弊所及，自友邦實施以後，多與事實相反，形成禁運禁銷狀況，以致物品來源斷絕，價日飛漲，而輸出方面亦遭阻塞，一般工商企業，莫不一落千丈，尤以民生因苦，實非筆墨所能盡述，急待政府設法救濟，以謀商業繁榮市面復興。

（意見）一、糧食採運，應以糧食管理委員會所指定之範圍為準，不必再須用友邦搬出證，另予請領護照手續，藉求簡捷便利。

二、然繭採運，現由友邦統制，華商不得收買，似欠公允，就經濟合作原則而論，中日商人應予同等待遇。

三、應請政府嚴飭各地軍警當局，除違禁物品外，對于正當商貨運輸，應予切實保護，不得藉故留難及勒索金錢扣留貨物等情。

四、應請政府嚴飭各地稅務徵收機關，對於商貨納稅，應依據現行稅則規定徵收，不得將已經明令廢除之苛捐雜稅，用換頭換面方法，巧立名目，重行收取，藉輕人民負擔。

32

在疯狂劫掠的同时，日伪设立“米统会”对米粮实行统制和禁运政策，这不仅使米商血本无归，更导致粮荒和物价飞涨。图为嘉兴县商会向汪伪政府提出的“米量(粮)之运销及货运之改善案”，但这些请求根本无法实现

日本华中蚕丝株式会社抢夺江浙地区的丝绸资源，图为该公司“嘉兴支店”，即位于杉青闸旁被日军霸占的福兴丝厂

"嘉兴支店"职员

"硖石驻在所",战前为海宁合作制丝公司(双山丝厂)

"硖石驻在所"所员

日本华中蚕丝株式会社开设嘉兴诊疗所，妄图以“公益事业建设”掩盖其经济掠夺的罪行

硖石诊疗所

长安诊疗所

“长安驻在所”，即原长安丝厂

“长安驻在所”所员

日伪华中铁道株式会社经营的长途汽车

说明：该公司不仅侵占铁路运输，而且全面控制了长途汽车的经营业务。但由于公路频频遭到我抗日军民的袭击破坏，境内仅有苏嘉、嘉平、嘉桐、沪杭等公路勉强维持通车。

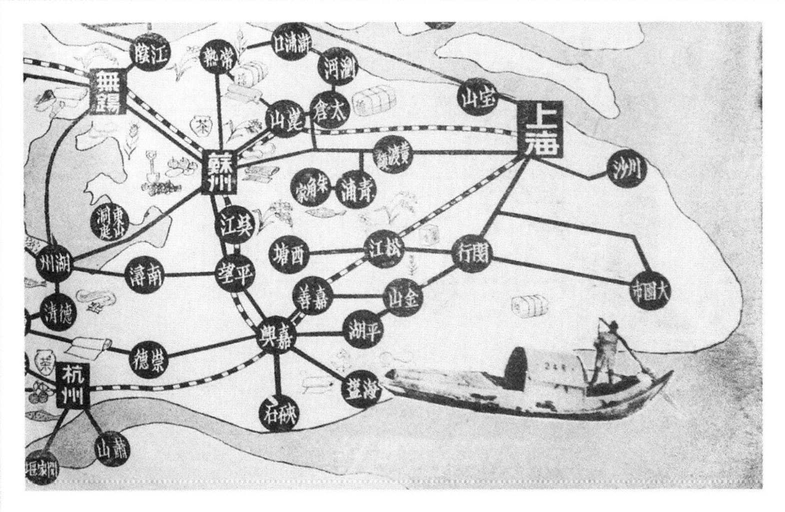

江南内河的轮船运输也都被日本“上海内河汽船株式会社”强占，图为该公司经营的嘉兴及周边地区的航线

日军强征壮丁开挖被我抗日军民填塞的陡门段运河

说明：1940 年陡门桥附近的运河被我方堵塞，日军水上交通被切断。为此上海内河汽船株式会社向日本海陆军当局求援，军方遂强征 14 万壮丁开挖河道。在不断遭到我方袭击和无法使用大型机械的情况下，该工程从 1940 年 11 月起至次年初为止，前后共计 50 天，5 万多人冤死于此。

壮丁在寒冬腊月里居住的草棚，日本的工程人员也感叹“寒风撕裂身体”

1941 年 1 月 31 日陡门桥下的运河河道开通。日本海陆军当局召集各新闻社举行了“开通仪式”，图为海军炮艇司令“剪彩”的情形

陡门桥附近的运河恢复通行

苏嘉铁路被日军拆毁后遗留的王江泾站站牌(原貌参见第一篇),2004 年摄

说明:太平洋战争后期,日军出于战略需要而大肆搜刮钢铁物资,苏嘉铁路的钢轨、钢梁及沪杭甬铁路各车站的天桥无一幸免。

被拆前的沪杭甬铁路长安站天桥

抗战胜利前夕，嘉兴电气公司遭到日军的严重破坏

平湖永通电话公司被日军破坏后的惨状

由于天桥被毁，1947 年嘉兴火车站不得不添建地道，这是日军经济掠夺所产生的间接财产损失

6.欺骗宣传与奴化教育

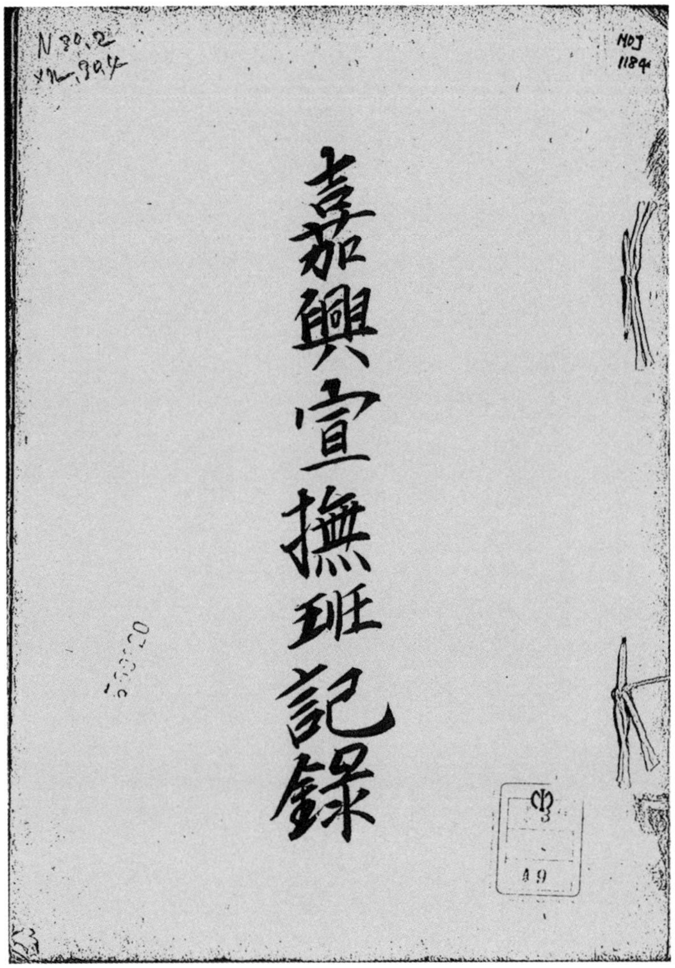

日军《嘉兴宣抚班记录》书影

说明：宣抚班是日军实施“教化安抚”和“剿抚兼施”的组织，通过小恩小惠拉拢、蒙蔽沦陷区民众，从而巩固其殖民统治。

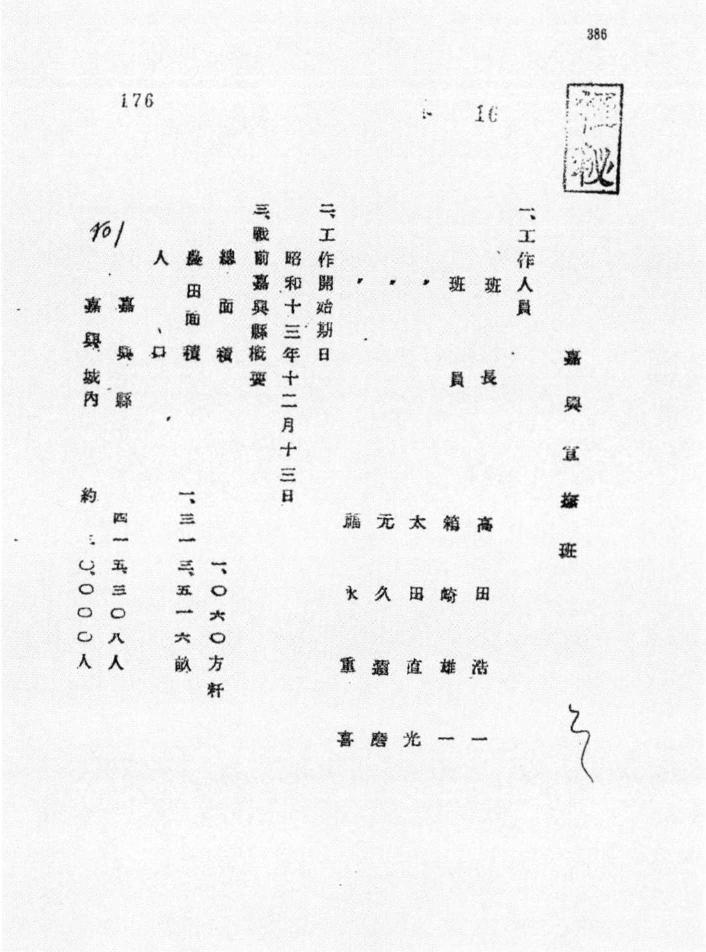

386

176　　16

嘉興宣撫班

一、工作人員

班長　高田浩一

班員　箱崎雄一

〃　太田直光

〃　元久靏磨

〃　福永重喜

二、工作開始期日

昭和十三年十二月十三日

三、戰前嘉興縣概要

總面積　一、〇六〇方粁

蠶田面積　一、三一三、五一六畝

人口

嘉興縣　四一五、三〇八人

嘉興城內　約一〇〇、〇〇〇人

1938 年的嘉兴宣抚班报告(首页，下同)

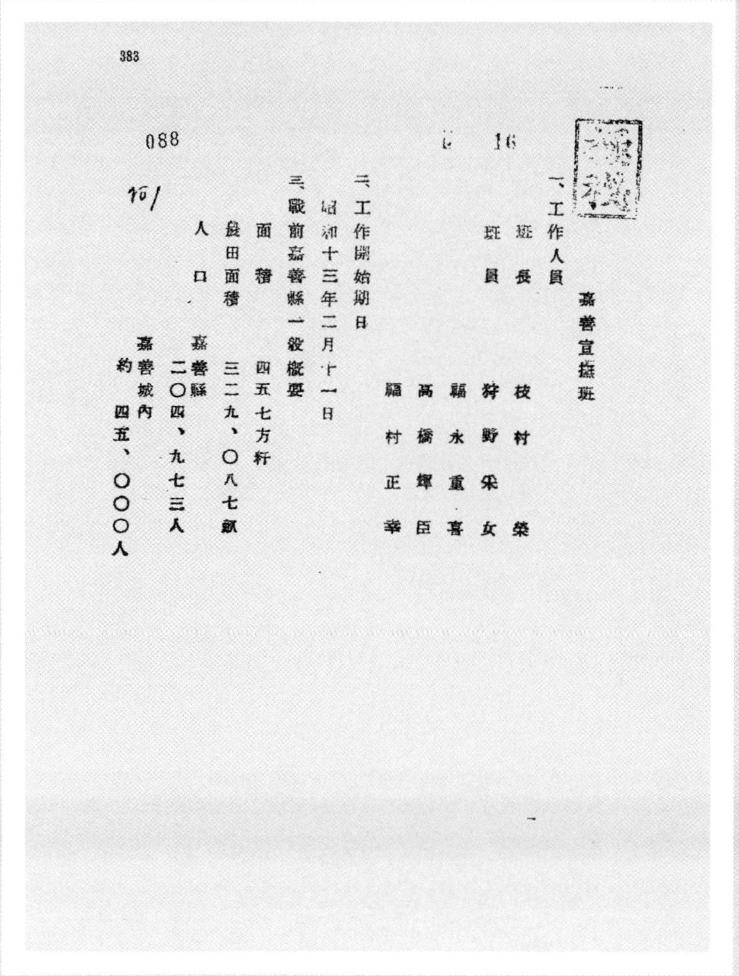

383

088 16

嘉善宣撫班

一、工作人員

班長 枝村榮

班員 狩野采女

福永重喜

高橋輝臣

福村正幸

二、工作開始期日

昭和十三年二月十一日

三、戰前嘉善縣一般概要

面積 四五七方粁

農田面積 三二九、〇八七畝

人口 嘉善縣 二〇四、九七三人

嘉善城内 約四五、〇〇〇人

嘉善宣抚班报告(1938 年)

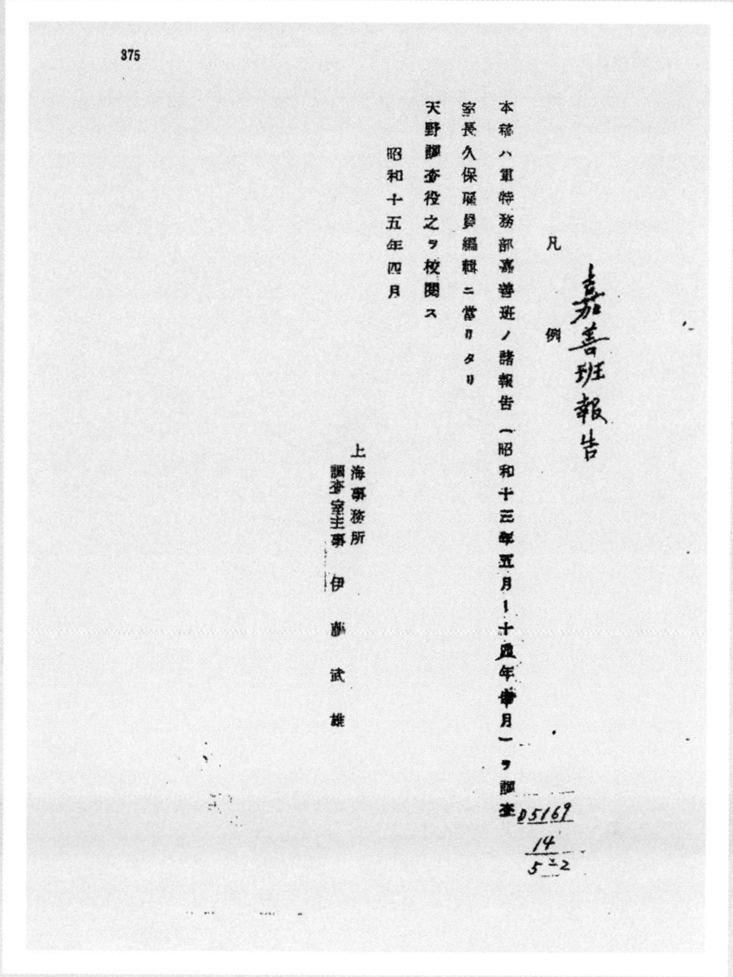

375

嘉善班報告

凡例

本稿ハ軍特務部嘉善班ノ諸報告（昭和十三年五月～十四年十月）ヲ調査室長久保田昇編輯ニ當リタリ天野調查役之ヲ校閲ス

昭和十五年四月

上海事務所

調查室主事 伊藤武雄

05169 14 5-2

1940 年的嘉善宣抚班报告

日军宣抚班胁迫伪组织“嘉善新兴妇人会”于 1939 年 10 月前往农村地区进行“宣抚”工作。图为在不远处的日军士兵监视下发表荒谬演说的妇女会员

“嘉善新兴妇人会”发放荒谬传单

“嘉善新兴妇人会”负责人教导会员对各地情况先进行摸底，以便“宣抚”

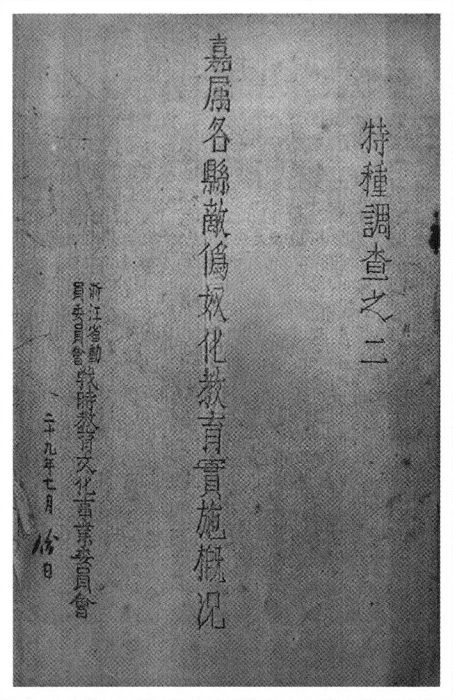

特種調查之二
嘉屬各縣敵僞奴化教育實施概況
浙江省動員委員會戰時教育文化事業委員會
二十九年七月 日

1940 年 7 月，国统区的浙江省动员委员会战时教育文化事业委员会编印了《嘉属各县敌伪奴化教育实施概况》(油印本)，揭露了境内日伪奴化教育的种种劣迹

日军士兵在海宁某小学讲授日语

1939年6月伪海宁县第四区区公所举行民众日语学校的“开学典礼”

日军不仅通过上述手段摧毁我国思想文化，还抢掠各种文化资源。图为海宁长安镇闻人沈镜轩得知藏书被日军劫走后骤然逝世，吕思勉、蒋维乔、许行彬等人深表哀悼

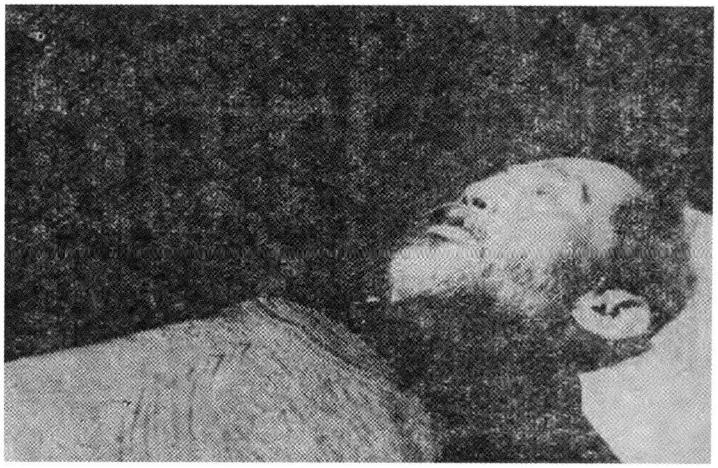

沈镜轩遗体

第六篇
投敌者与傀儡政权

1.形形色色的投敌者

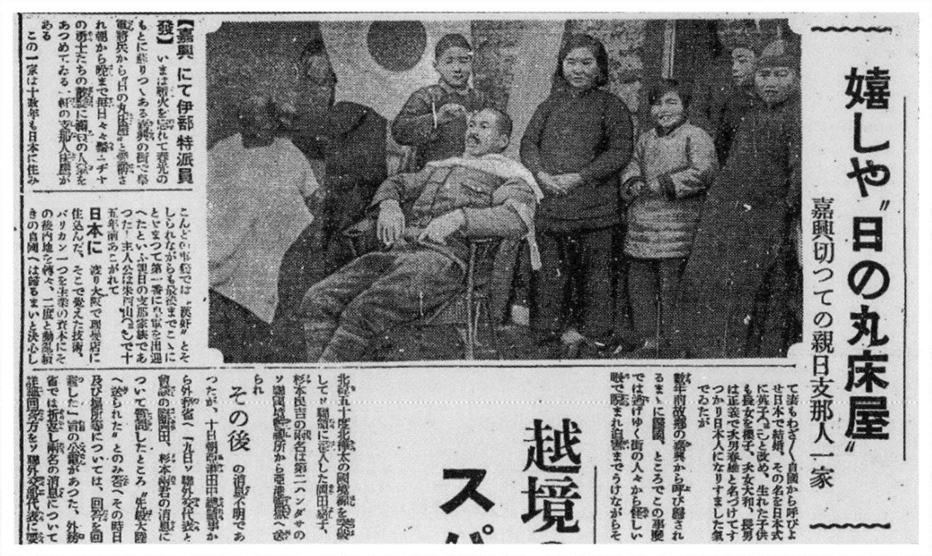
嬉しや"日の丸床屋"
嘉興切っての親日支那人一家
越境
スパ

日本《读卖新闻》1938 年 2 月 11 日发表配图文章，题为《令人高兴的“日本的理发店”：嘉兴第一的亲日中国人一家》

文章大意：时年 39 岁的嘉兴人朱西山曾去过日本大阪，并特地把妻子带到日本结婚，而且帮她改名为“英子”，四个孩子也分别取名为“樱子”“大和”“正义”“春雄”。所以朱最先出来“迎接”入侵嘉兴的日军。这些卖身求荣，为虎作伥的民族败类必将遭到历史的唾弃。

1938 年 1 月出任平湖县维持会会长的高鉴。高为嘉兴东栅人，战前任律师

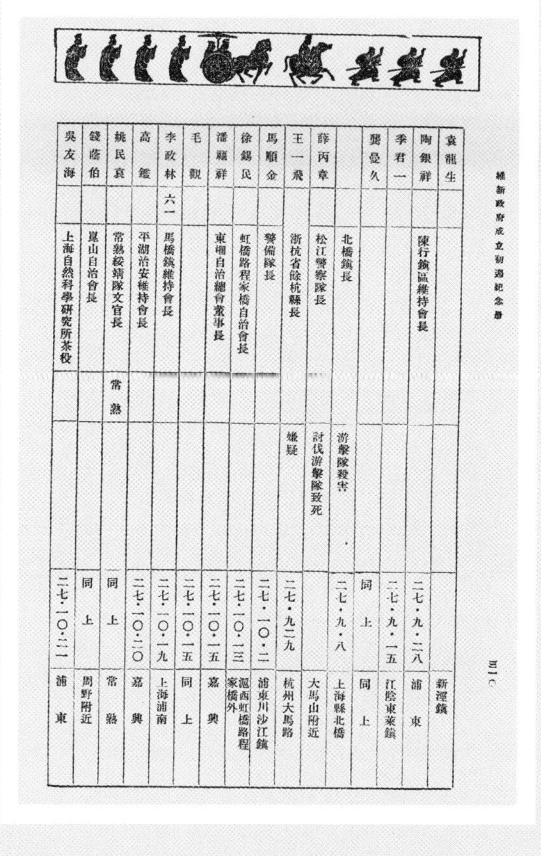
維新政府成立初週紀念冊

袁龍生						新涇鎮
陶銀祥		陳行鎮區維持會長			二七・九・二八	浦東
季君一					二七・九・一五	江陰東萊鎮
龔曼久					同上	同上
		北橋鎮長		游擊隊殺害	二七・九・八	上海縣北橋
薛丙章		松江警察隊長		討伐游擊隊致死		大馬山附近
王一飛		浙杭省餘杭縣長		嫌疑	二七・九二九	杭州大馬路
馬順金		警備隊長			二七・一〇・二	浦東川沙江鎮
徐錫民		虹橋路程家橋自治會長			二七・一〇・一三	滬西虹橋路程家橋外
潘福祥		東柵自治總會董事長			二七・一〇・一五	嘉興
毛觀					二七・一〇・一五	同上
李政林	六一	馬橋鎮維持會長			二七・一〇・一九	上海浦南
高鑑		平湖治安維持會長			二七・一〇・二〇	嘉興
姚民哀		常熟綏靖隊文官長	常熟		同上	常熟
錢蔭伯		崑山自治會長			同上	周野附近
吳友海		上海自然科學研究所茶役			二七・一〇・二一	浦東

三一〇

伪维新政府出版物对高鉴和东栅镇“自治总会”董事长潘福祥都作了死亡的记录

東南日報
中華民國廿七年十二月五日

傅作義將軍談
北戰場最近局勢
現整頓內部側重政治工作
擴大游擊隊及自衛軍活動

漢奸高鑑並未砍死
行屍走肉尚在人間

沙區游擊隊
生擒日偽軍

国统区的《东南日报》发文表示高鉴并未被砍死

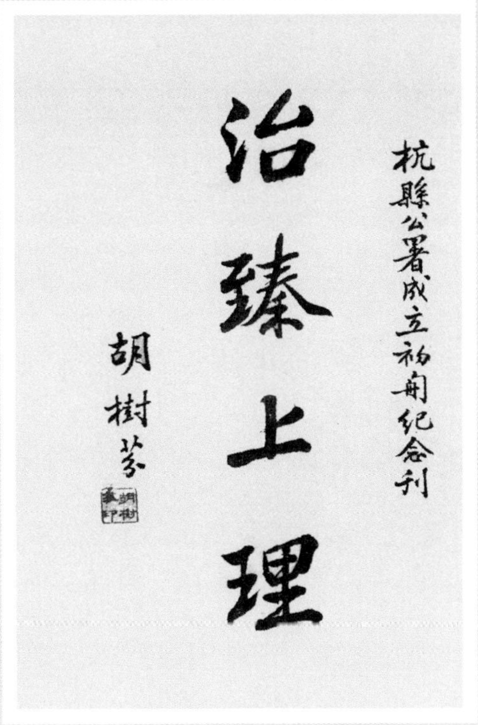

伪维新政府首任平湖县知事胡树芬（原“平湖县自治委员会”会长）为《浙江省杭县县公署成立初周纪念特刊》出版题写的“祝辞”

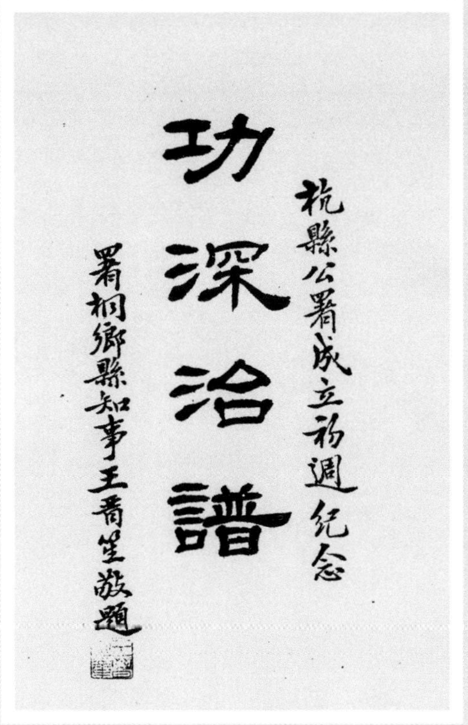

首任伪桐乡县知事王晋笙的“祝辞”完全颠倒黑白，混淆是非

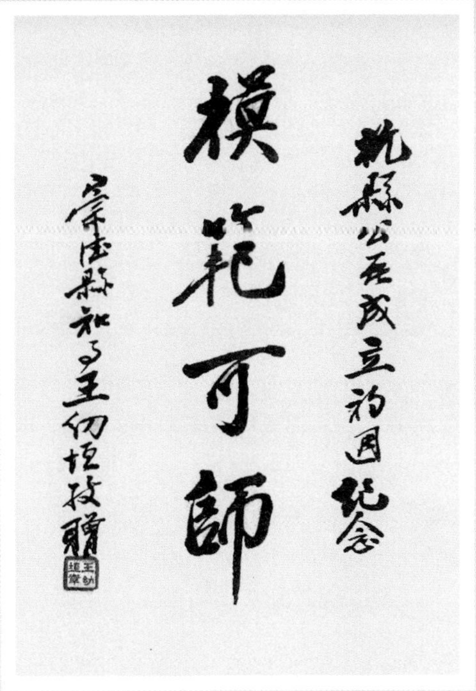

首任伪崇德县知事王幼垣准备以伪杭县县公署为“模范”，对自己的辖区实行严密统治

伪维新政府桐乡县知事孙铭新

伪维新政府海宁县知事谭裕卿。此人最先出面组织维持会，彼时已是一昏庸老朽

伪维新政府海盐县知事王骞

说明：伪维新政府的多数成员为北洋政府的官僚，因此沿用“县公署”“县知事”等北洋时期的名称时期和五色旗，1940 年 3 月被汪伪政府取代后改回县政府、县长。

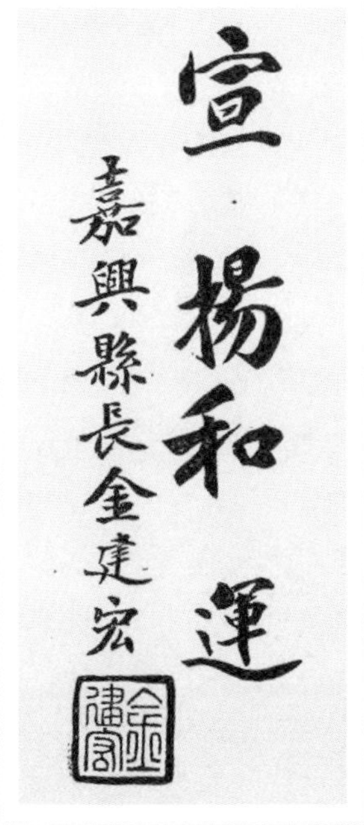

伪嘉兴县县长金建宏（1939 年 9 月至 1942 年 5 月在任）附和汪精卫“和平运动”的题词

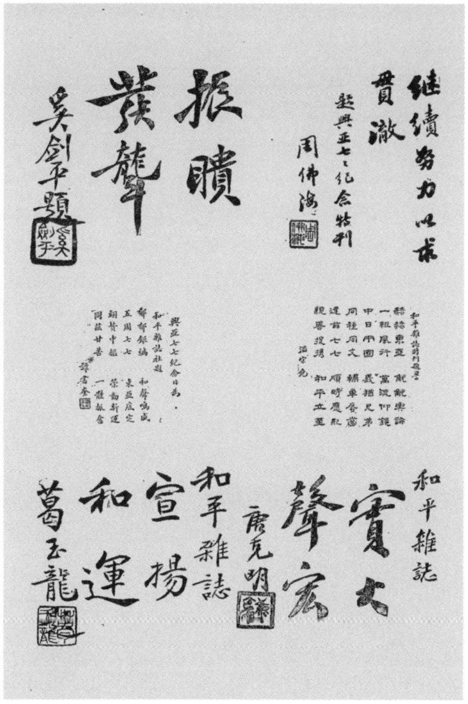

伪嘉善县县长葛玉龙（1942 年 2 月至 1943 年 10 月在任）、伪平湖县县长奚剑平（1942 年在任）的题词，与周佛海、温宗尧等大汉奸并列

1943 年任伪崇德县县长的张志梁

1944 年 8 月出任伪平湖县县长的王宗轼。图为此人年轻时期的照片

1943 年 11 月至 1944 年 5 月的伪海盐县县长沈玉光

在南京充任伪维新政府司法行政部部长的嘉兴人朱履龢

省政府訓令 地行字第一五四二號 三十年一月十七日

令 各廳處 各區專員兼司令 各縣縣長 各防守警備司令 外海水警局長 甯波警察局長 （祇登公報不另行文）

案准

內政部廿九年十月卅一日渝民字第三一一六號咨開：

『案奉行政院二十九年十月八日陽字第二〇六七〇號訓令內開：『案據浙江省政府電，為海甯縣長謝叔銳，久曠職守，復不返縣交代，且有附逆降敵嫌疑，請予通緝究辦等情到院，當經分別函令通緝在案，（廿九年七月廿六日陽八字第一五七一九號訓令），茲據該省政府補呈該謝叔銳年貌表前來，除分別函令外，合行抄發原表，令仰補發，此令。』等因；並抄發原表一份，奉此，查此案前奉 行政院訓令，飭即依照改訂官吏通緝案件辦法第二項之規定辦理，當經本部於廿九年八月十三日以民字第二二一三號咨文通咨各省市政府轉飭查緝在案，茲奉前因，除分別咨令外，相應抄同原表，咨請查照轉飭所屬一體遵照查緝。』

等由；計抄送原表一份，准查此案前經本府於廿九年六月廿六日以秘人字第七二四六號訓令通飭一體遵照查緝在案，茲准前由，合行抄發原表，令仰遵照；並轉飭所屬一體遵照，此令。

計抄發通緝官吏年貌表。

主席 黃紹竑

通緝官吏年貌表

姓名	性別	年齡	面貌特徵	籍貫	職務職業	通緝事由	備考
謝叔銳	男	三九	身長壯實面高鼻尖	上虞	浙江省海甯縣縣長	久曠職守並不返縣交代且有附逆降敵嫌疑	該員係黃埔軍校及戰團政訓班畢業

原国民政府海宁县县长谢叔锐于1940年4月在上海被俘后投敌，图为浙江省政府主席黄绍竑签发的通缉令

◉准內政部咨為通緝浙江嘉善縣黨部書記長顧賡颺究辦等由令仰一體協緝

江西省政府訓令 秘拾5第二五六〇號

令 各區行政督察專員公署 水警總隊 各縣政府 省會警察總隊 （不另行文）

案准

內政部二十九年五月十三日渝民字第一二零七號咨開：

「案奉

行政院廿九年四月廿九日陽字第九一一三號訓令內開：「案據浙江省政府呈為嘉善縣黨部書記長顧賡颺吸食鴉片，斂錢營私，並失節附逆，請予通緝究辦，等情：應准通緝，除分別函令外，合行抄同原件，令仰依照改訂官吏通緝案件辦法第二項之規定辦理。此令。」等因，並抄發原呈及年籍表各一件；奉此，除分別函令外，相應抄同原件，咨請查照，轉飭所屬一體遵照通緝為荷。」

等由，附抄原呈年籍表；准此，除分令外，合行抄發原表，令仰轉飭所屬一體通緝歸究！

此令。

計抄發年籍表一份

中華民國二十九年七月十五日 主席 熊式輝

年籍表

姓名	性別	年齡	籍貫	職業	通緝事由	黨證字號	備註
顧賡颺	男	四〇	嘉善	前充嘉善縣黨部書記長現任偽嘉善縣黨部偽特派員	吸食鴉片斂錢營私失節附逆	浙字四一〇號	

因投敌而被国民政府通缉的原嘉善县党部书记长顾赓飏。顾因吸食鸦片而敛财，最终失节

伪海宁县公署第三科职员

伪海宁县第二区区公所(驻硖石)全体职员

说明：投敌行为的动机非常复杂，虽然这些基层行政人员或因失业穷困而“被动”出任伪职，但我们也不能因此排除包含在被动中的主动因素。

2.傀儡政权的“办公”场所

伪桐乡县公署。1939 年 5 月国民政府军第 62 师第 368 团攻入桐乡后将其焚毁

公署大门

日军在伪桐乡县公署建造的“避难所”入口

驻硖石的伪海宁县公署。其与搜刮民脂民膏的各机构合署办公

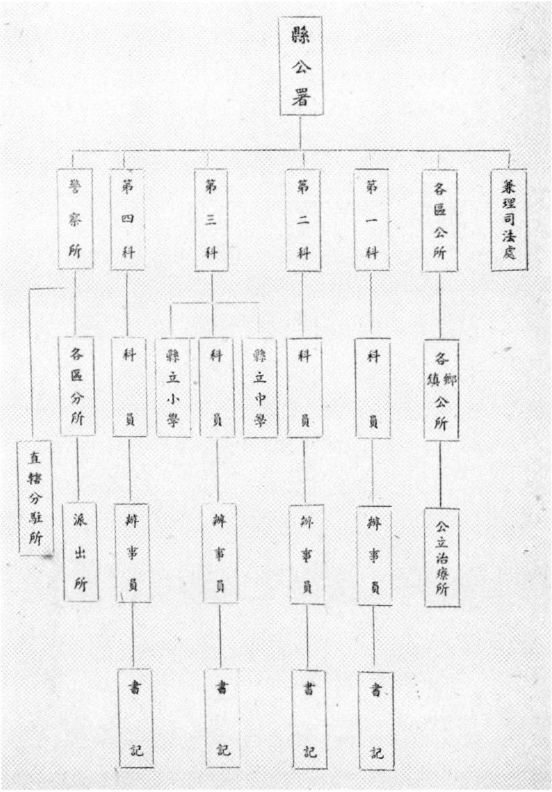

伪海宁县公署组织系统图

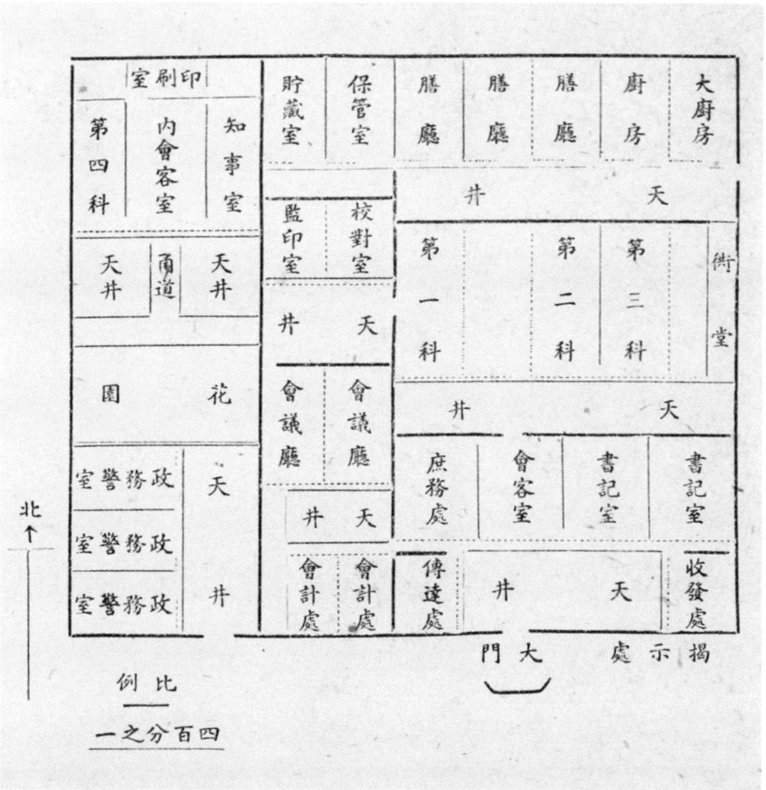

公署办公地点平面图

伪县知事办公室。此人即为谭裕卿

会计股

庶务股

第一科办公室

第二科办公室

第三科办公室

伪海宁县第二区区公所(与硖石镇公所合署)

第二区区公所办公室

第二区区公所办公室之二

第二区区公所办公室之三

第二区区公所会议厅

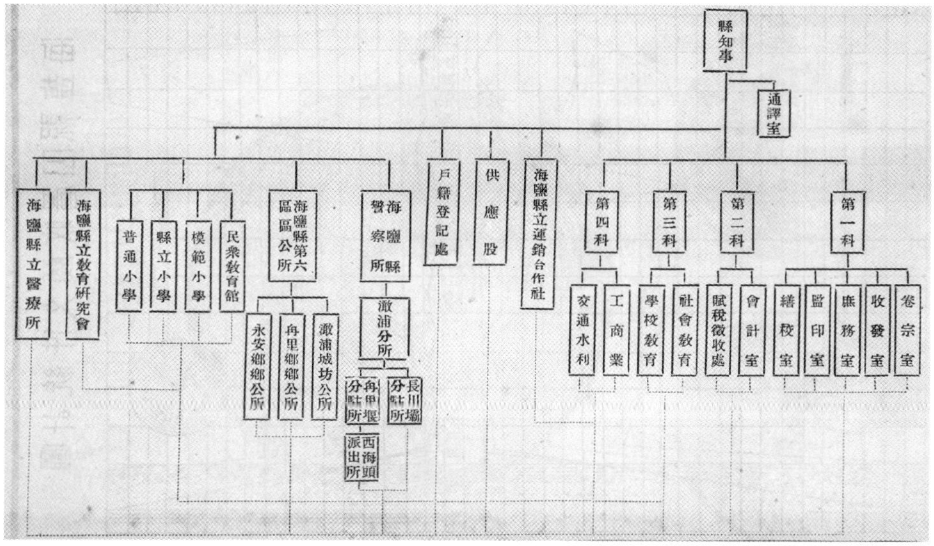

伪海盐县公署组织系统图

3.傀儡政权的政治活动

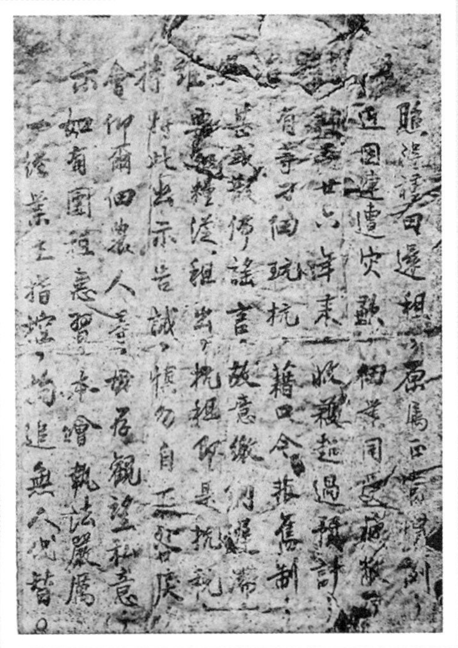

海盐县“治安维持会”发布的“安民告示”

1940 年 4 月 1 日伪海盐县公署成立一周年时的日伪人员合影

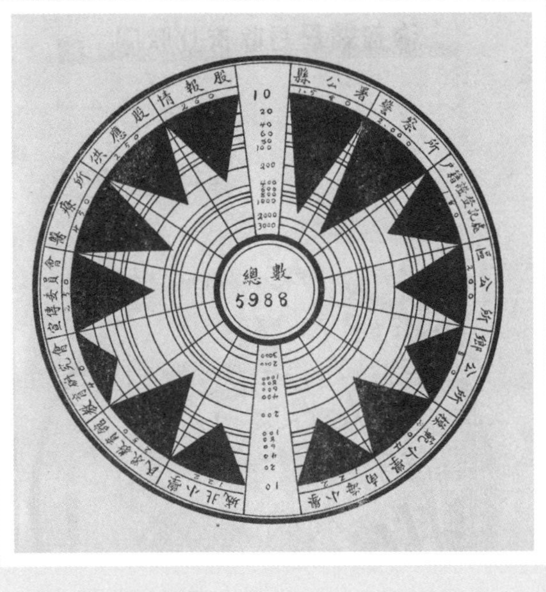

说明：其他各项经费的总和都不及用于公署本身以及警所“治安”方面的经费。

1939 年伪海盐县公署各机关经费比较

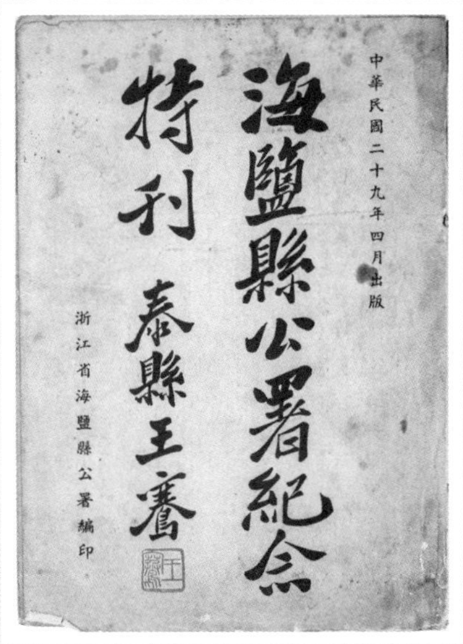

伪海盐县公署编印的《海盐县公署纪念特刊》。该书成为其种种劣迹和罪行的自供状

1939 年 3 月伪政权在硖石举办“庆祝维新政府成立一周纪念大会”

伪维新政府成立一周年大会之二

说明：所谓“纪念大会”由伪维新政府在其控制的区域内统一举行。

伪海宁县知事谭裕卿视察盐官时与当地日军及伪职员的合影

1938 年 6 月 28 日设于硖石的伪海宁县自治联合委员会成员与日军的合影

1939 年 6 月在硖石召开的伪海宁县县政会议

县政会议后的宴会。日本国旗赫然在目

伪政权往往以免费吃饭为诱饵吸纳生活拮据的战前行政人员

1939 年 6 月伪海宁县第四区办事处(驻长安镇)成立,伪县政府派员致辞

1939 年 7 月 5 日伪海宁县第四区长安镇办事处成立“典礼”

长安镇办事处成立
“典礼”场景

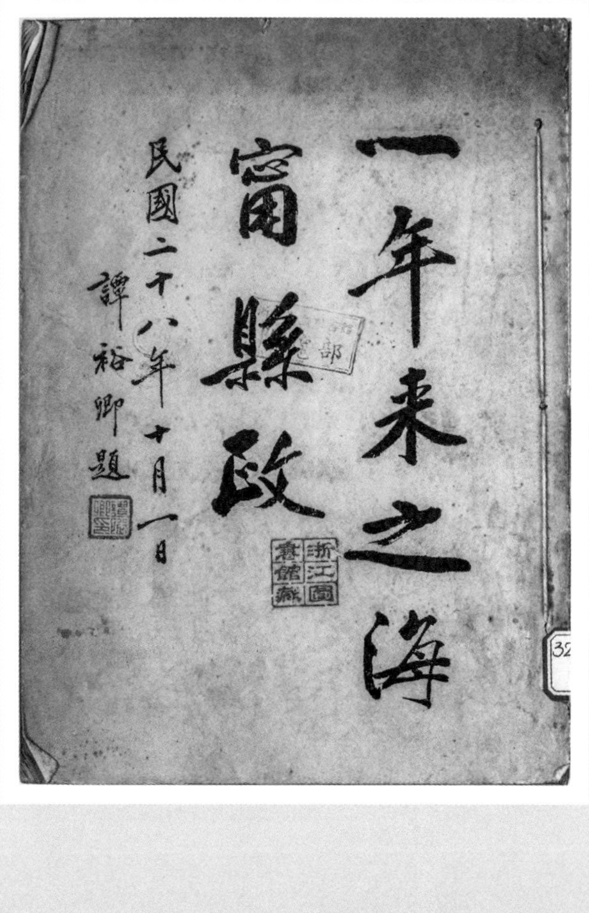

伪海宁县公署用于宣扬以上“政绩”的
《一年来之海宁县政》

4.镇压抗日力量的军警

驻嘉兴的伪第 1 方面军第 1 师师长兼第 1 绥靖区司令徐朴诚

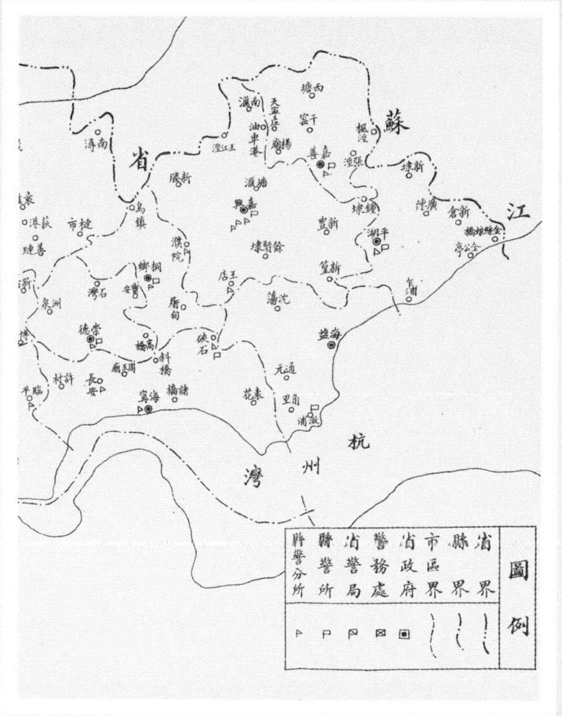

1939 年伪浙江省政府在境内各地设立的警察机构分布图

1938 年 9 月伪桐乡县警察所举行成立“典礼”，多名日军官兵充斥其间

驻桐乡的日军宣抚班班长（右）与伪警察所所长合影

伪桐乡县警察佩戴的臂章

日军桐乡特务班班长(穿西装者)与伪警察所主要职员以及地方“士绅”的合影

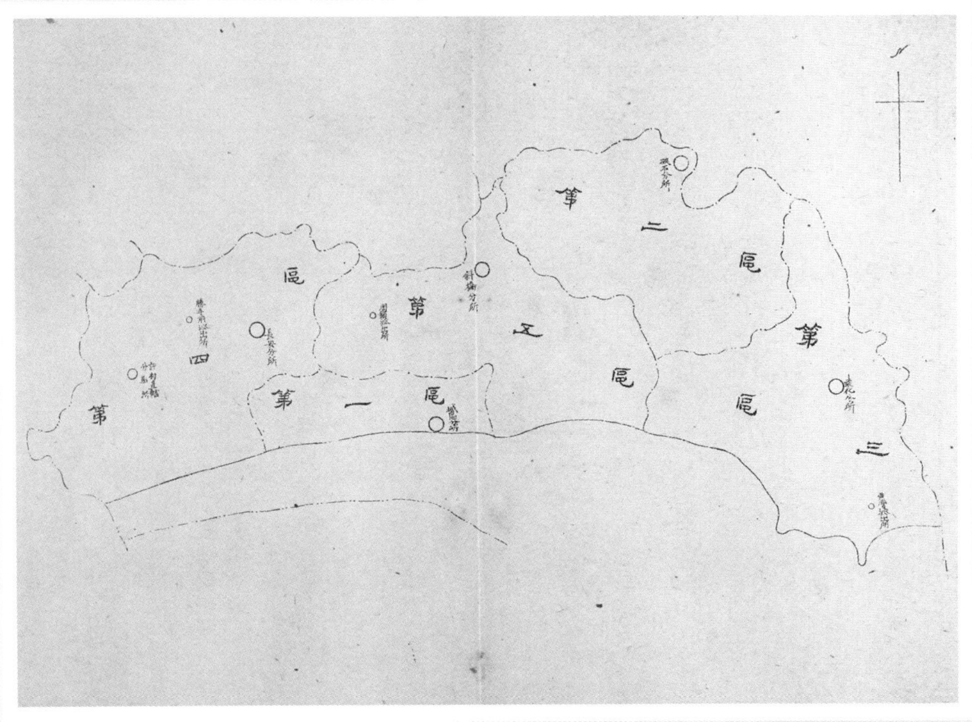

1939年海宁县伪警察所分布图

伪海宁县警察所所长沈镜吾

伪海宁县警察所办公室

办公室之二

伪警察所临时预审庭

伪警察合影

伪海宁县警察所所长训话并检阅警员

1939年5月9日伪海宁县警察所袁花分所警员出发前所长训话的场景

说明：这一天正是战前为使民众牢记袁世凯承认日本提出的所谓“二十一条”的“五九国耻日”，可见伪政权用心之险恶。

1939年6月伪海宁县长安镇警察分所全体警员会操合影

1939年6月伪斜桥镇警察分所全体警员会操合影

伪警察会操

伪海宁县警察所自行车巡逻队

伪警察出发执行水道“警戒”任务

伪警察举行消防演习

参加消防演习的伪海宁县警察所警员合影

伪警察野外训练

伪警察实弹射击训练

伪警察野外射击训练

伪警察集结出发

伪警察所纠集清洁工进行打扫

1939 年 9 月伪海宁县公署成立一周年时司法办事处及县监狱全体职员合影

伪海宁县公署司法办事处

伪海宁县属监狱和看守所，被捕的抗日军民多关押于此

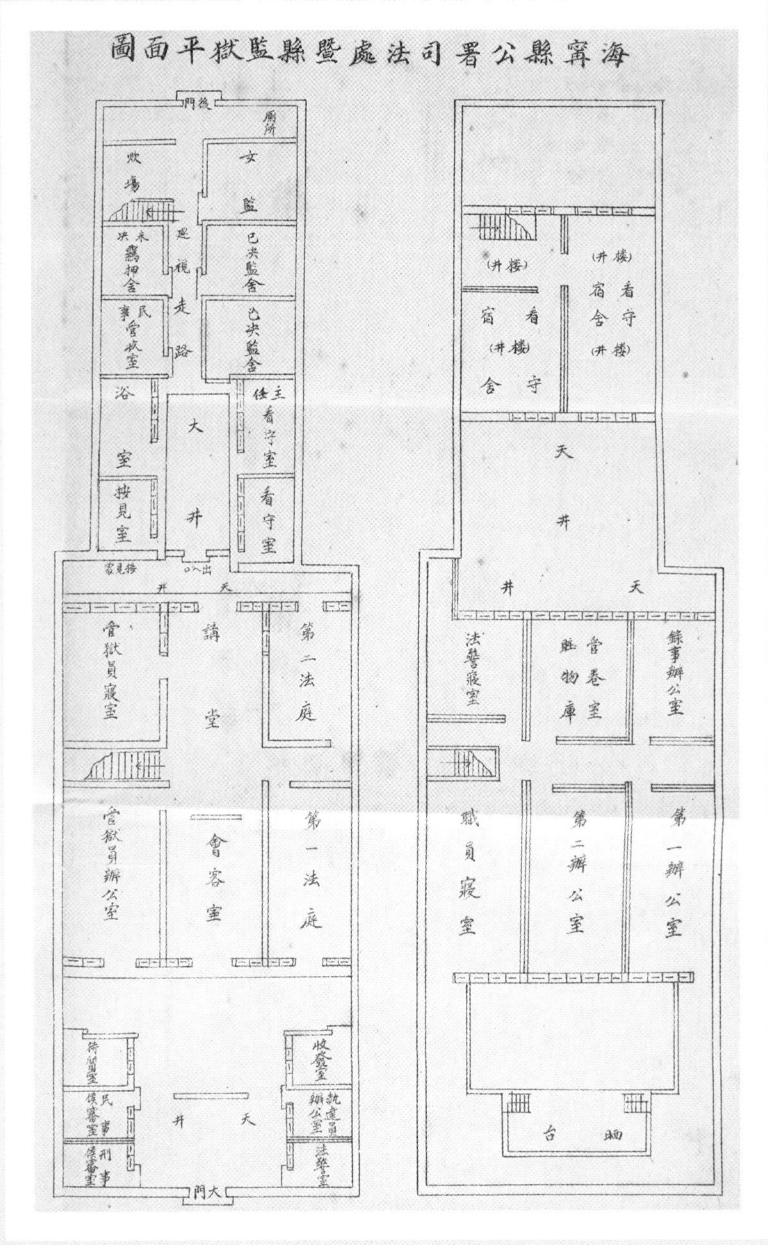

司法办事处、监狱、看守所平面图

伪海宁县户籍证办事处

说明：沦陷区民众不但要办理户籍证，还须持有日军特务机关颁发的“良民证”“通行证”才有一线生机。

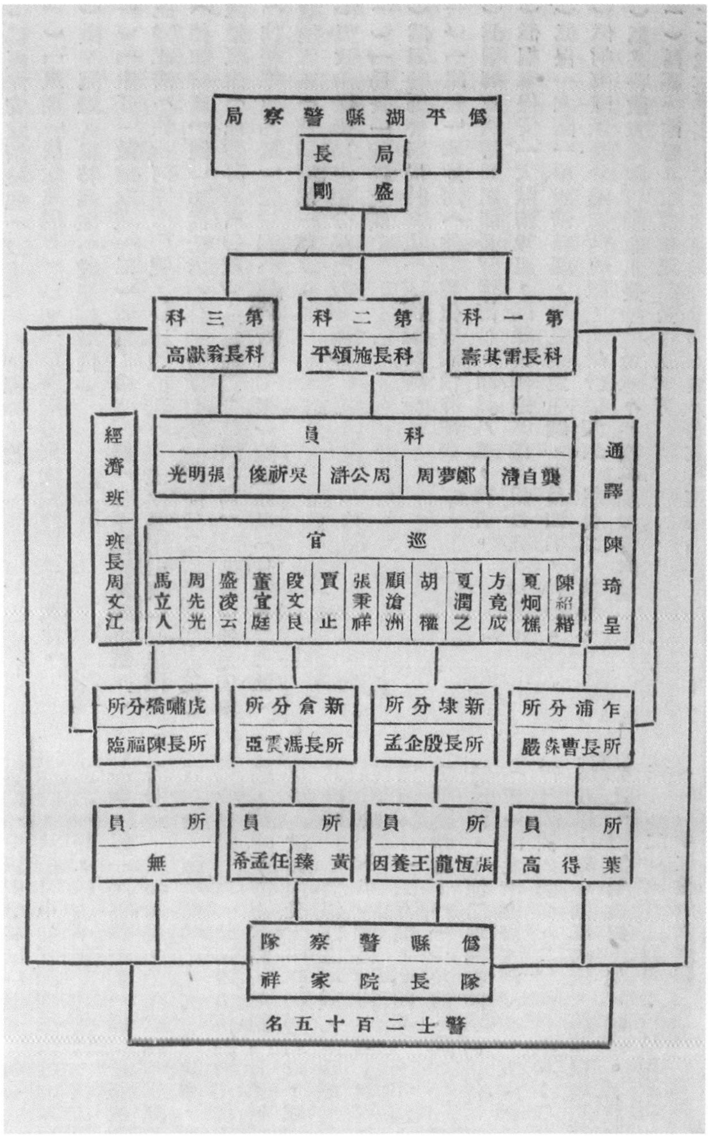

伪平湖县警察局组织系统图(1944年)

5.荒诞险恶的宣传活动

1938 年 10 月“大民会”嘉兴联合支部的成立大会。大民会是在日本特务机关扶植下奉行“民德主义”的政治组织

伪海宁县第四区(驻长安镇)举办“建设东亚新秩序”宣传大会

第四区举行“建设东亚新秩序提灯庆祝”活动之一

“建设东亚新秩序提灯庆祝”活动之二

海宁斜桥镇某房屋外墙上“建设东亚新秩序”的标语牌

伪海宁县警察所印刷厂正在印制荒谬传单

伪平湖县宣传委员会举行“九一八更生纪念”活动，宣传日本殖民思想

1939 年 6 月伪海宁县第四区公所举办“孔子诞辰纪念大会”，借此反对新文化运动

1940 年 4 月日伪政权豢养的会道门“中华洪道社”嘉兴分社全体职员

1940 年 10 月嘉兴分社联合各团体举行“祈祷东亚和平大会”

1940 年伪嘉兴县“中华青年团”举行团员大会。该团前身为伪维新政府时期的“防共青年团”，两者都是蛊惑年轻人走上通敌叛国道路的组织

伪嘉兴县"中华青年团"指导部成员

1941 年 10 月 10 日，伪海宁县斜桥镇"中华青年团"下乡宣传

1942 年 3 月 12 日，伪海宁县硖石镇"中华青年团"在郊外植树

说明：具有强烈意识形态的该组织特意选择辛亥革命爆发和孙中山逝世日作为活动时间，以图混淆视听，可见其用心之险恶。

伪海宁县硖石镇“中华青年团”团员修理道路

伪海宁县斜桥镇第一届“中华青年团”团员毕业“典礼”

伪崇德县语溪坊“中华青年团”第二届团员毕业“典礼”

嘉興新報

錢江北岸杭海段 田地幾完全陸沉

華北民衆竭誠擁汪

英國援助

武藤少將返津

日本堂大藥房

華興洋行

浙江省立嘉興中學招生廣告

由日军嘉兴特务班“监制”的《嘉兴新报》充斥着各种亲日反华报道和下流的花边新闻，以下两种报纸也是如此

平湖新報

本報徵文啟事

平湖縣公署佈告 財字第一三〇號

平湖縣青年團徵求團歌

平湖縣公署田賦征收處司會徐省恩啟事

利用商店獨家經理蠶蛾廣告

孩兒面

羅威乳白魚肝油

《平湖新报》

海寧新報

擁護汪精衛先生的和平運動

時論 中日合作的政治要件

日軍先鋒隊入桂 黨方戰力喪失

岳州武寧等綫 黨軍被殲滅

東亞經濟懇談會 華中本部舉行大會

《海宁新报》

伪政权在硖石设立“民众茶园阅报处”诱使民众接受其蛊惑

被日本国旗与“和平反共救国”的汪伪旗帜包围的平湖县第九届各界联合运动会奖品陈列室

6.笼络人心的各项“建设”

钱塘江海塘海宁境内的克字号柴坝垮塌

说明：抗战初期海宁境内海塘坍塌，海水倒灌冲毁农田房屋，不仅民众饱受苦难，伪政权的统治也受到了威胁，因此伪浙江省建设厅派员对海塘进行了修理。

伪浙江省建设厅的“海塘委员”高树华等人负责修建老盐仓海塘

搭建木桥跨过溃堤口

工人通过该桥运土

挑土情形

海塘修复中

新海塘完工

克字号新柴坝

1938 年 11 月海宁八堡说、感、武字号海塘垮塌，但直到 1940 年才由汪伪政府水利委员会进行修理

该段海塘打桩修理中

说、感、武字号海塘修理中

海塘修理中之二

汪伪海宁县政府征工挑土修复九堡多、士字号海塘

多、士字号海塘施工中

八堡惠、说、感、武、丁字号海塘初步修复后挡住了汹涌的潮水，汪伪政府颇为满意而拍下这一场景

惠、说、感、武、丁字号海塘修复后之一

海塘修复后之二

海塘修复后之三

九堡多、士字号海塘缺口被堵住

七堡横塘修复完毕

九堡赵、魏字号海塘缺口堵塞完毕

伪海宁县公署派员修复盐官六里桥海塘

修复工程现场

修复工程现场之二

伪海宁县公署修复盐官城墙以防抗日武装夜袭

伪海宁县公署修理沪杭公路盐官段

公路修复场景

伪海宁县公署修复崇德至长安的公路

伪县公署重建硖石镇内遭战火破坏的建筑

伪县公署职员在修复后的硖石大木桥上

伪海宁县第四区公所修理长安镇上的街道

伪海宁县公署在硖石镇上设立的“公立治疗所”

说明：日伪经常通过施医给药的方式妄图营造出“爱民”的形象。

“公立治疗所”室内

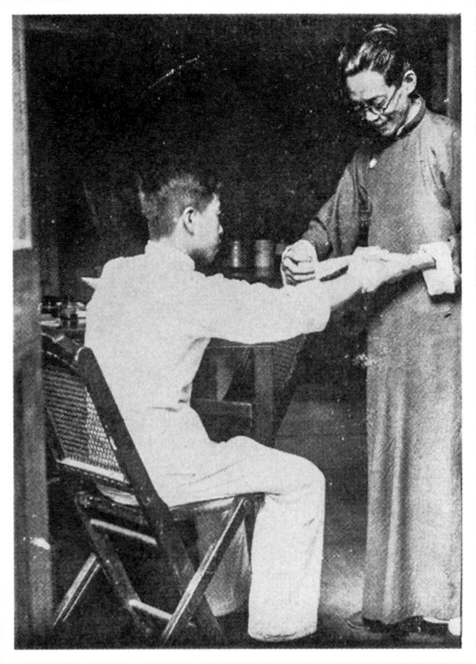

伪硖石镇“公立治疗所”诊察室在对伤员进行包扎

7.遗毒甚深的奴化教育

“中华洪道社”嘉兴分社接收“大民会”小学，并将其改为第四平民补习学校

第五平民补习学校

1939年举行的海宁县各学校校长会议

说明：这些校长和以下教职员工被灌输奴化教育的思想，毒害了一代青少年。

海宁县双山小学教室正前方挂有日本国旗和伪维新政府的旗帜

海宁县师资讲习所

海宁县师讲所暨附属小学教职员

伪海宁县教育研究会会员

海宁县双山小学教职员

海宁县模范小学全体教师

海宁县开智小学教职员

海宁县商业学校教职员

海宁县商业学校教师咄咄逼人地进行“个别训话”

伪海宁县社会教育人员。其社教工作等同于蛊惑宣传

第七篇
沦陷时期的嘉兴

1.萧条的水乡

沦陷初期的嘉善一片死寂

沦陷初期嘉兴城内到处可见残垣断壁

运河嘉兴城区段的两岸建筑破败不堪

日本记者 1941 年拍摄的嘉兴城水景

日本记者在运河上拍摄的嘉兴北丽桥(1941 年)

嘉兴城外河道的十字交汇处(1941 年)

日本记者将水网发达的嘉兴形容为“小苏州”

沦陷初期的嘉兴一片死寂

本地制造的“嘉兴船”

沦陷初期嘉兴装运糯米的货船

嘉兴协和碾米厂(1941 年)。日方称米行、碾米厂都沿水路分布以便运输

日本记者 1941 年拍摄的嘉兴至嘉善的水路风景

嘉兴、嘉善境内的小河与帆船

说明：日本记者称帆船的帆布是用以前用来装美国面粉的旧袋子拼接而成，体现了“中国人的天性”，借此刻意掩盖沦陷区民众穷困潦倒的事实。

日本记者拍摄的贞洁牌坊

说明：该记者声称在嘉兴至嘉善的水路旁可以看到很多皇帝御赐的牌坊，但日军疯狂的性暴力使无数的中国女性失去了贞洁甚至性命。

日本记者撑小快船进入嘉兴

嘉善附近的河道

嘉善某座大型石拱桥

嘉善境内的水路。日方承认只有本地居民才不会在错综复杂的水网中迷失方向

嘉善砖窑(1941 年)

1939 年的硖石北关桥和关厢

1939 年的硖石市河(新桥、米市街附近)

硖石景云桥

丝厂木桥

硖石镇东的赵家漾,远处是东山和山上的智标塔

硖石水景

硖石某河道

1939 年的东南河,图左侧是米市街河埠

东南河之二

东南河之三

被破坏的海宁长安镇老坝

被毁的长安兴福桥

修复后的长安下闸桥

修复后的仙鹿桥

1939 年长安东市的上闸桥

重建后的长安镇新桥

长安镇上的小坝

2.畸形的城镇

沦陷初期的嘉兴火车站站台。站牌弹孔累累,站台亦遭战火破坏,远处为东塔和竞成纸厂的烟囱

沦陷初期的嘉兴城内外景象

日军第 114 师团步兵第 115 联队官兵登高拍摄的沦陷初期嘉兴城外的景象。图中右下角的庙宇已被战火摧毁殆尽

沦陷时期的嘉兴天主堂

日军官兵拍摄的天主堂修女,她们也难逃日军的魔爪

1939 年伪浙江省建设厅拍摄的嘉兴电气公司发电机

嘉兴电气公司配电房

说明：电厂均被日军侵占，因发电后便于日伪军夜间巡逻警戒。

1937 年沦陷初期的嘉善城墙

嘉善枫泾镇的天主堂沦为日军的第三哨所

海宁盐官城北门街景(1939 年)

盐官北门街景之二

盐官大东门外的春熙街

盐官电灯公司

盐官电灯公司发电室

发电机

伪警察林立的硖石街景

伪警察把持的硖石街道

硖石镇上东倒西歪的房屋

1939 年的硖石街景

硖石街景之二

硖石街景之三

硖石镇上的花园桥

人头攒动、畸形繁荣的硖石

人头攒动、畸形繁荣的硖石之二

硖石街景之四

硖石邮电局

硖石电灯公司大门

电灯公司发电机

发电机之二

硖石镇捷利电话公司

捷利电话公司接线室

被日本华中蚕丝株式会社霸占的硖石合作制丝公司的制造车间

制造车间之二。大量女工正在辛苦地工作

制造车间之三

制造车间之四

该"株式会社"的会客室

海宁长安镇中心街街景

长安镇面粉厂

长安镇发电所

长安镇天主堂

畸形繁荣的海宁斜桥镇

斜桥镇市河上的桥梁。桥顶装有木门，日伪可借此监视流动人口

斜桥镇邮局

日军占领下的斜桥火车站

沦陷时期的平湖大街与双塔(今解放东路)

3.度日维艰的民众

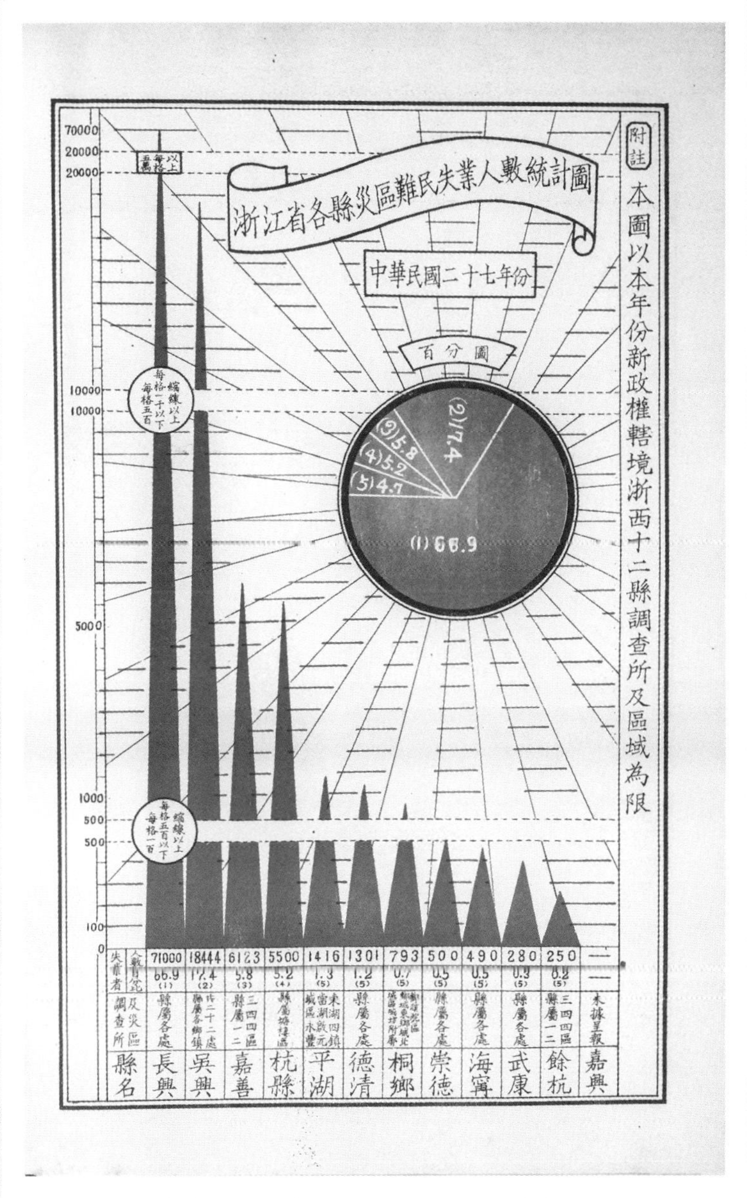

1938 年杭嘉湖各县日军占领地区难民失业人数统计。嘉善位居第三并高于杭县,嘉兴的数字未上报

伪维新政府组织慈善机构在嘉兴城内的天宁寺发放赈米

1939 年 1 月饥民纷纷前往嘉善县城西门外的施粥厂索取食物

饥民涌入嘉善县城内的施粥厂觅食

嘉兴农村中简陋破败的草房

沪杭甬铁路沿线的放牛娃

钱塘江海塘决堤，海水倒灌，农田不仅被淹而且盐碱化，农民度日维艰

海宁九堡赵、魏字号海塘决口

九堡多、士字号海塘垮塌情形

海宁八堡乂密斜坡塘坍塌

海宁农民靠贩卖西瓜为生

民众前往伪海宁县公署在硖石设立的“施米处”索取食物，伪政权以此收买人心

海宁盐官城内的当铺恢复营业，民众纷纷典当物品换钱求生

饱受战火摧残的民众在伪海宁县公署设于硖石的“施衣处”领取衣物

大量民众在硖石平籴处购买“平价”出售的粮食以果腹

由伪海宁县警察所警员把守的硖石平籴处

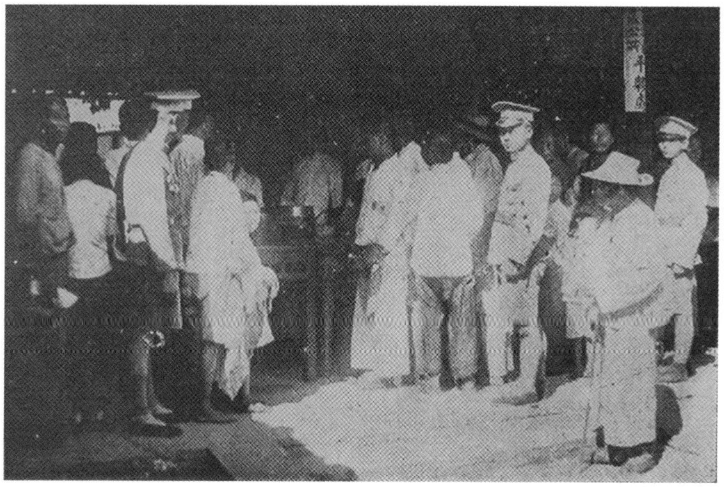

伪海宁县第一区盐官城内的平籴情形，四周伪警员林立

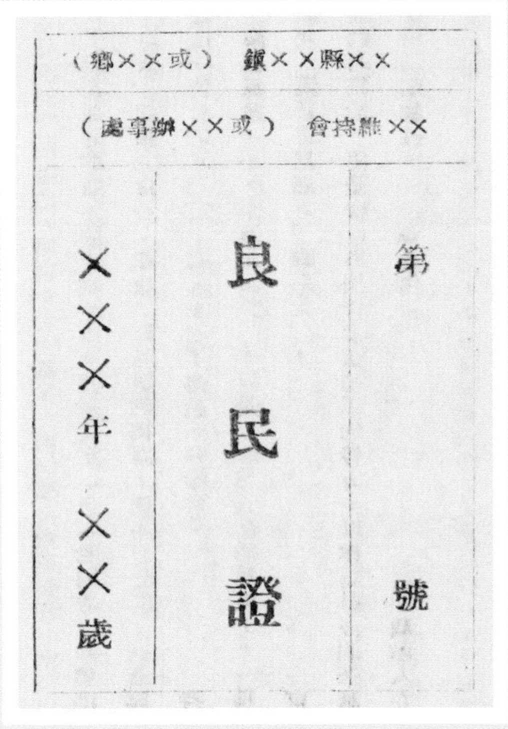
××縣××鎮（或××鄉）
××維持會（或××辦事處）
第　號
良民證
×××年××歲

说明：沦陷初期民众只有持此证才能确保基本安全，此后日伪又开始实行严格的身份登记制度，百万民众身陷囹圄。

各维持会颁发的“良民证”(样本)

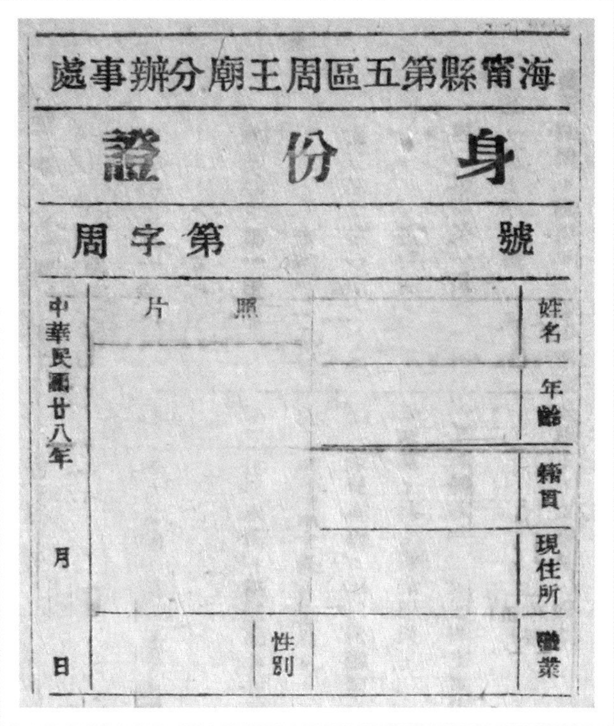
海寧縣第五區周王廟分辦事處
身份證
周字第　號
姓名
年齡
籍貫
現住所
職業
性別
照片
中華民國廿八年　月　日

1939 年伪海宁县第五区周王庙分办事处颁发的身份证(样本)

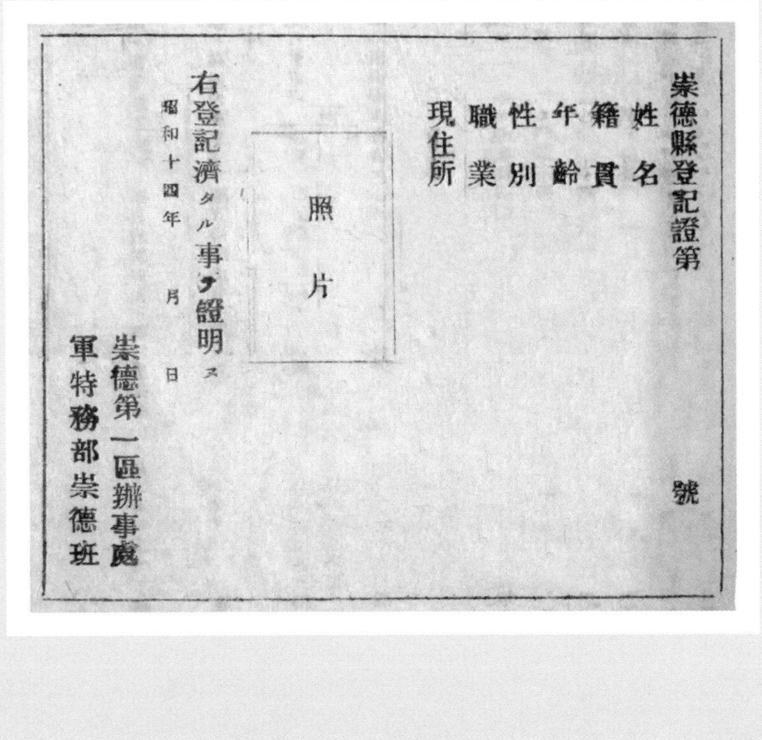
崇德縣登記證第　號
姓名
籍貫
年齡
性別
職業
現住所
照片
右登記濟タル事ヲ證明ス
昭和十四年　月　日
崇德第一區辦事處
軍特務部崇德班

1939 年日军特务部崇德班、伪崇德县第一区办事处联合颁发的身份登记证(样本)

说明：普通民众并非个个都是英雄好汉，即使苟且偷生过着“亡国奴”的生活，但只要无害于国家民族，就不能简单地认定为汉奸、卖国贼。

4.灰色地带的教育

日军拍摄的平湖某小学学生

在日伪举办的平湖县第九届各界联合运动会上，当地小学生进行团体操表演

团体操表演之二

海宁县开智小学校门

开智小学全体学生合影

该小学课堂

图书馆

小学生室外集会

室外游戏

野外教学

海宁县模范小学全体学生

模范小学教室

课堂

小学礼堂

模范小学学生在伪维新政府“五色旗”下举行讲演会

学生们在硖石西山脚下的惠力寺大殿前游戏

高年级学生野外写生

海宁县双山小学办公室

双山小学全体学生

小学生列队

室外游戏

野外教学

海宁县师讲所暨附属小学学生

附属小学课堂

晨会训话

硖石镇各小学学生在西山惠力寺大殿前会操

实施职业教育的海宁县商业学校

商业学校学生

海盐县各小学师生

5.人迹罕至的景点

沦陷初期的嘉兴三塔与茶禅寺

侵占嘉兴的日军士兵在南湖畔窥视湖心岛

沦陷时期的南湖全景

沦陷时期的湖心岛渡口

湖心岛清晖堂门前挂有日式帷幔。日伪华中铁道株式会社将烟雨楼改作公司“食堂”，成了侵略者消闲享乐之地

华中铁道株式会社制作发行的嘉兴烟雨楼明信片，日军官兵将其寄回日本国内

1941年日本记者拍摄的南湖与湖心岛

日伪华中铁道株式会社出版物上刊登的烟雨楼照片

日军明信片上的烟雨楼庭园

日伪杂志刊登了三名少女在南湖湖心岛垂钓的照片,试图以此粉饰太平

日军明信片上的万福桥，上方日文的意思是“接近清黑色的湖面如梦一般”

日军明信片上的万福桥之二

沦陷时期的南湖船娘

日军明信片上的范蠡湖

被日伪华中铁道株式会社霸占的原京沪沪杭甬铁路嘉兴苗圃(今人民公园)

苗圃内景

日军盘踞下的盐官观潮胜地

沦陷初期的镇海塔

观潮入口处上方的奴化宣传标语

钱江潮奔腾依旧

但却只能在日军的魔影下哀嚎

盐官海滨公园空无一人

盐官海神庙

日军铁蹄下的海神庙唐代石狮

日军占领下的崇德中山公园

第八篇
日伪清乡与抗战胜利

1.日伪军事清乡的种种恶行

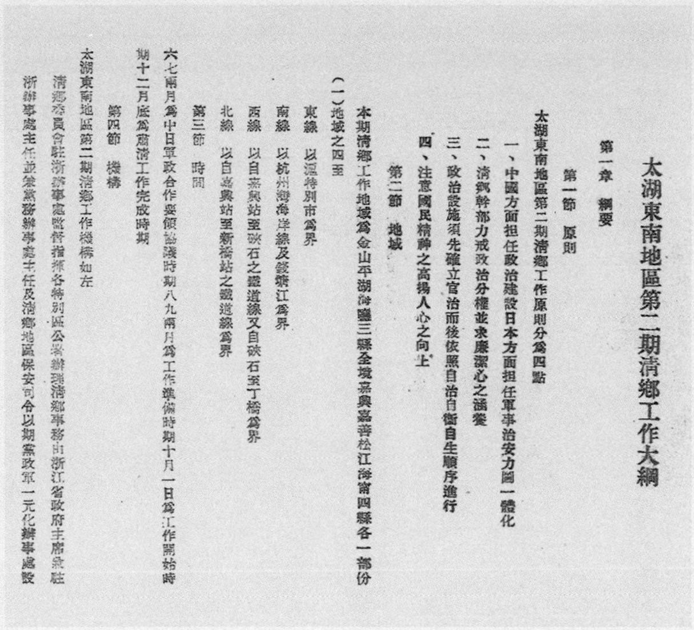

太湖東南地區第二期清鄉工作大綱

第一章 綱要

第一節 原則

太湖東南地區第二期清鄉工作原則分爲四點

一、中國方面担任政治建設日本方面担任軍事治安力圖一體化

二、清鄉幹部力戒政治分權並求廉潔心之涵養

三、政治設施須先確立官治而後依照自治自衛自生順序進行

四、注意國民精神之高揚人心之向上

第二節 地域

本期清鄉工作地域爲金山平湖海鹽三縣全境嘉興嘉善松江海甯四縣各一部份

（一）地域之四至

東線 以滬特別市爲界

南線 以杭州灣海岸線及錢塘江爲界

西線 以自嘉興站至硤石之鐵道線又自硤石至丁橋爲界

北線 以自嘉興站至新橋站之鐵道線爲界

第三節 時間

六七兩月爲中日軍政合作要領協議時期八九兩月爲工作準備時期十月一日爲工作開始時期十二月底爲肅清工作完成時期

第四節 機構

太湖東南地區第二期清鄉工作機構如左

清鄉委員會駐浙辦事處監督指揮各特別區公署辦理清鄉事務由浙江省政府主席兼駐浙辦事處主任並兼黨務辦事處主任及清鄉地區保安司令以期黨政軍一元化辦事處設

为剿灭抗日军民和掠夺资源，1941 年 7 月起日伪在苏南发起“清乡运动”。次年 7 月又通过“太湖东南地区第二期清乡”将魔爪伸向嘉禾大地

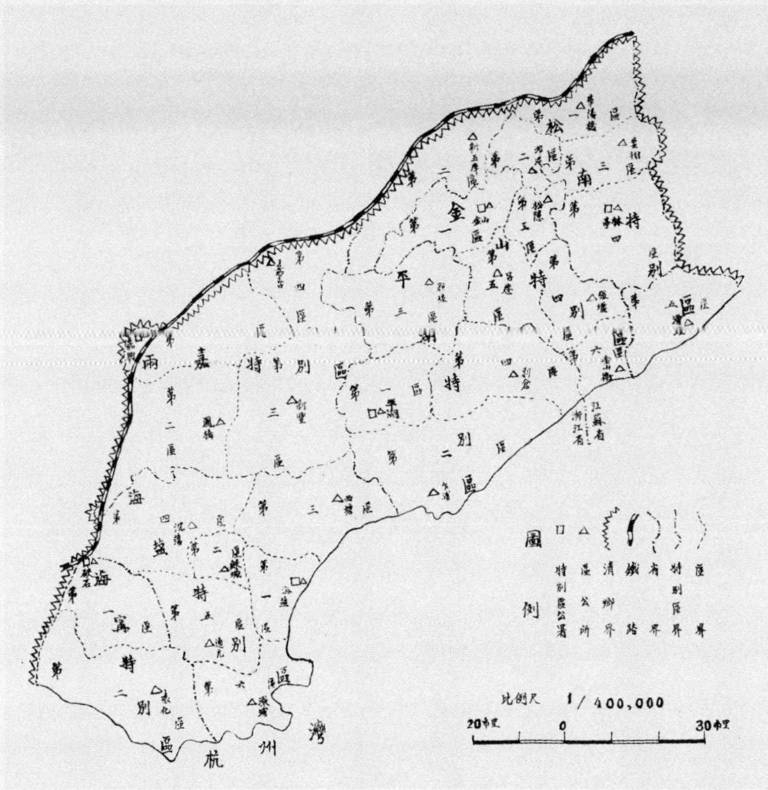

“太湖东南第二期清乡地区”各特别区分区图（1942 年 10 月至 1943 年 1 月）

说明：图中嘉兴、嘉善铁路以北地区已于 7 月划入第一期清乡范围。

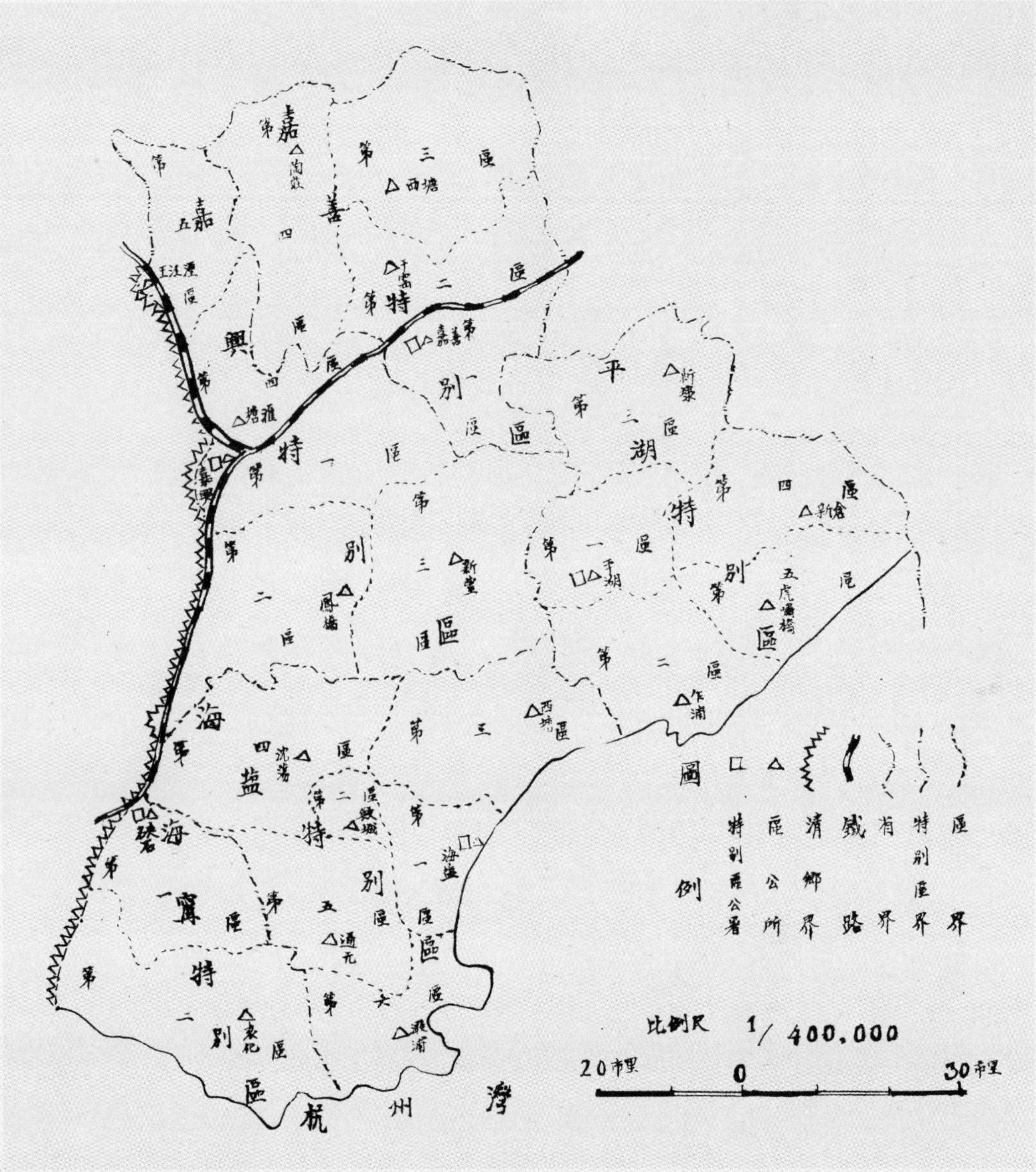

1943 年 2 月调整后的分区图

说明：金山、松江两县所属地区被划回江苏。

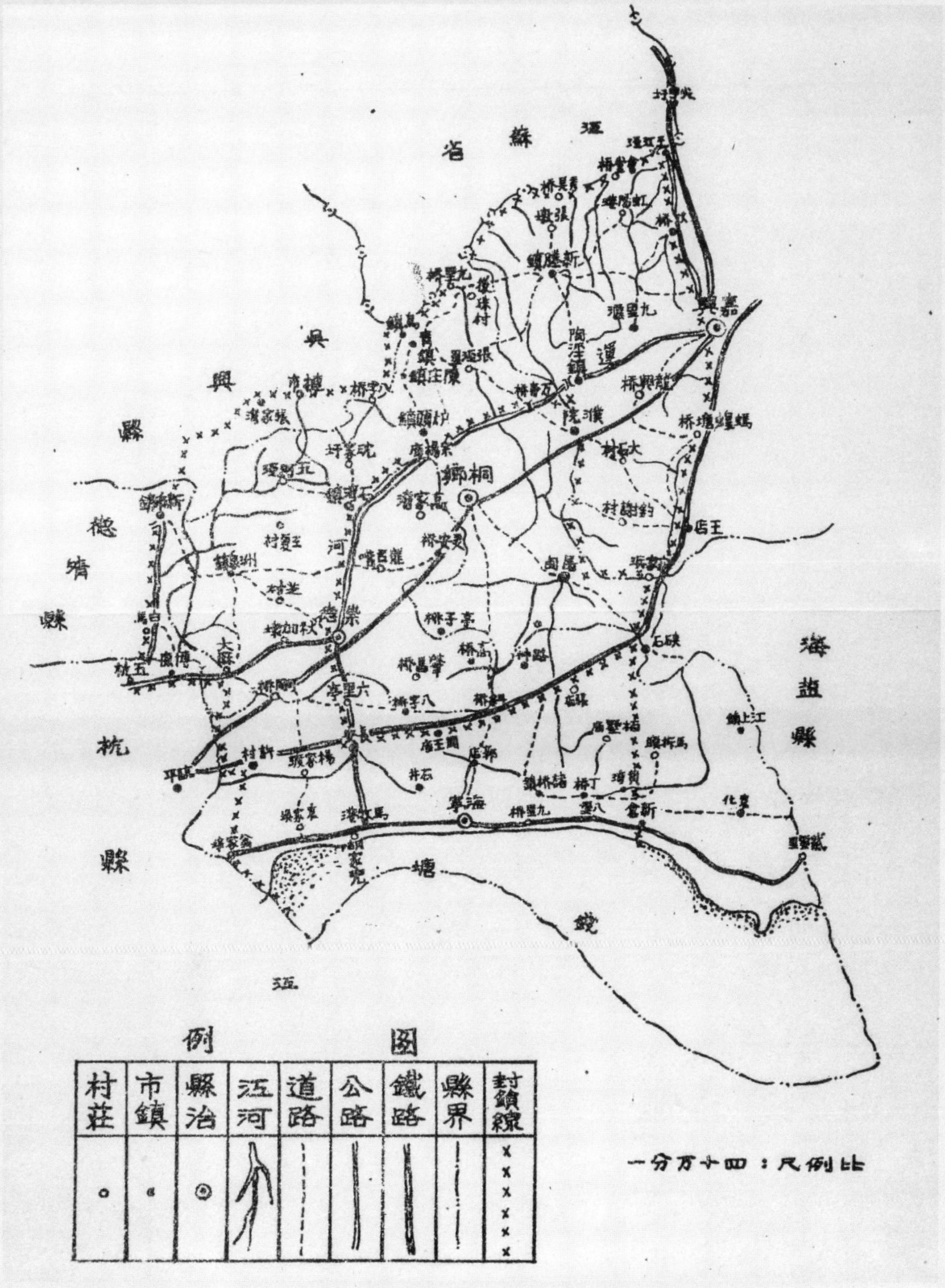

"浙江省第二清乡区"图，该地区清乡于 1943 年 10 月拉开

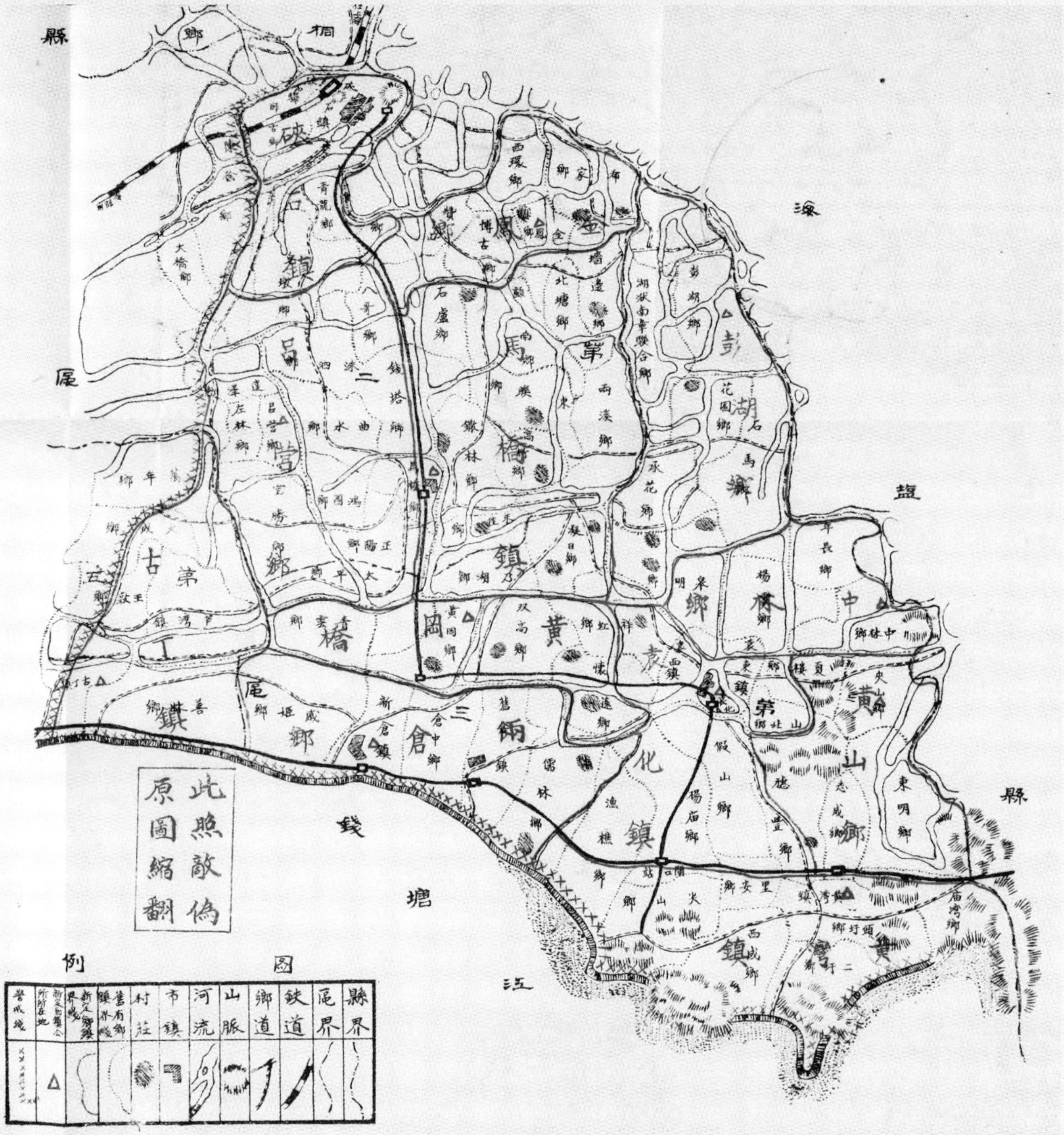

海宁县“第一期清乡区”分区图

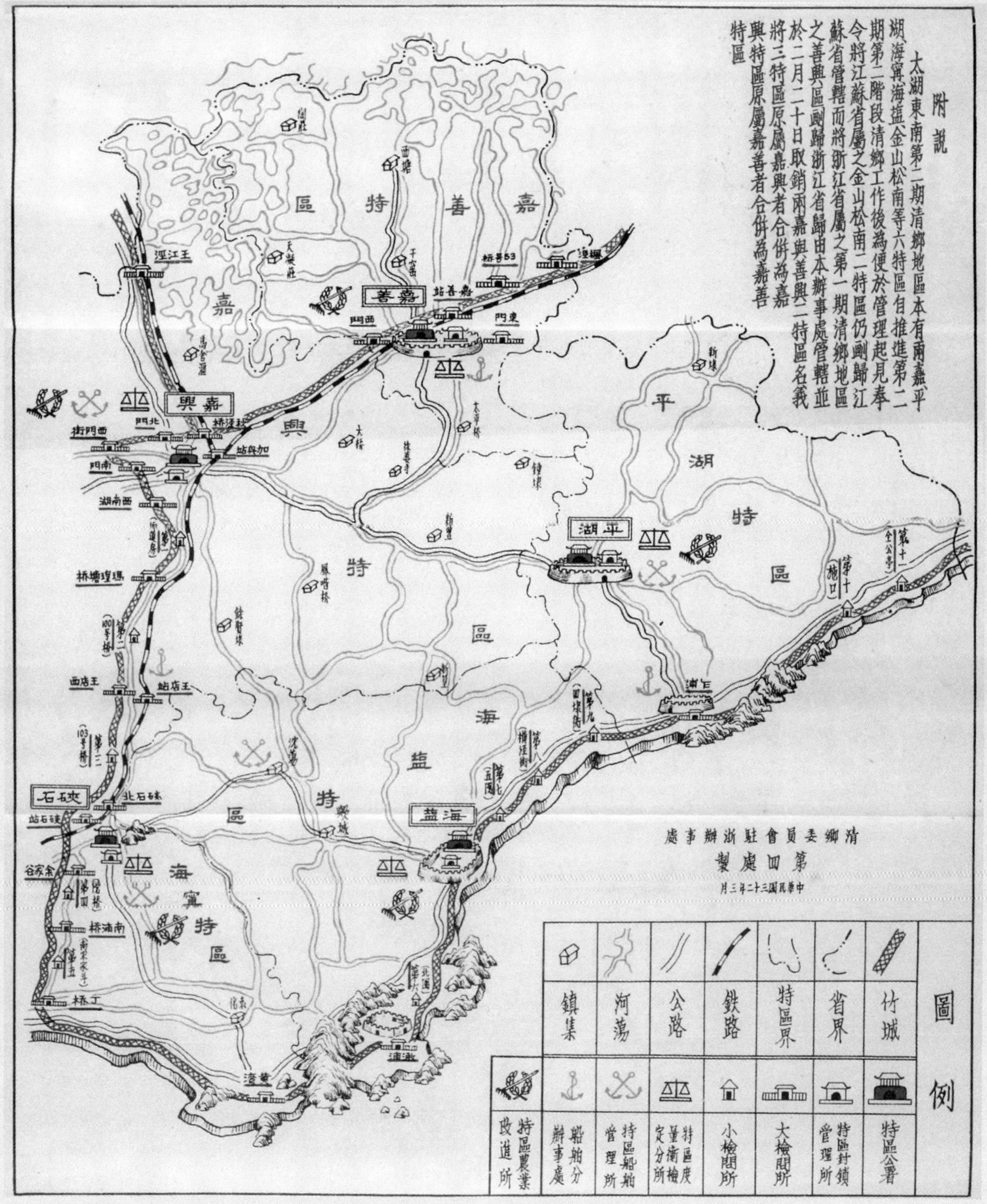

“太湖东南第二期清乡地区”封锁线上密集分布的检问所

汪伪政府动用大量人力物力修筑竹篱封锁线

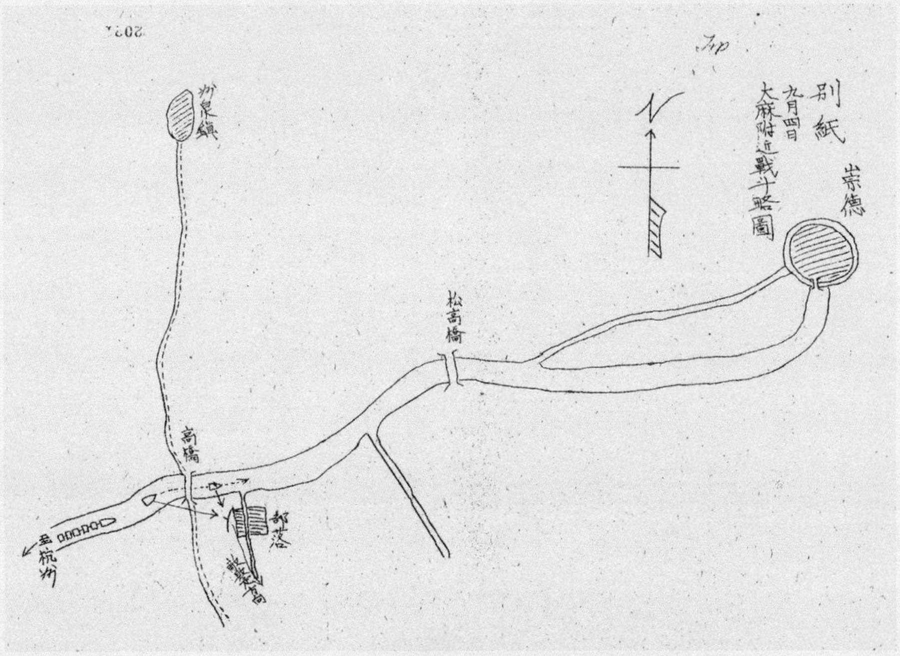

1942 年 9 月日军水上部队在崇德县大麻镇附近实施“军事清乡”

2.汪伪政府成立“清乡委员会”实施政治清乡

伪浙江省省长、清乡委员会驻浙办事处(设嘉兴)主任傅式说

汪伪清乡委员会副秘书长汪曼云出任该委员会驻嘉办事处处长

汪伪清乡委员会太湖东南地区清乡督察专员公署督察专员兼保安司令张北生

清乡委员会驻浙办事处第二处处长徐季敦

驻浙办事处第二处秘书
凌放盦

第二处秘书谢克尧

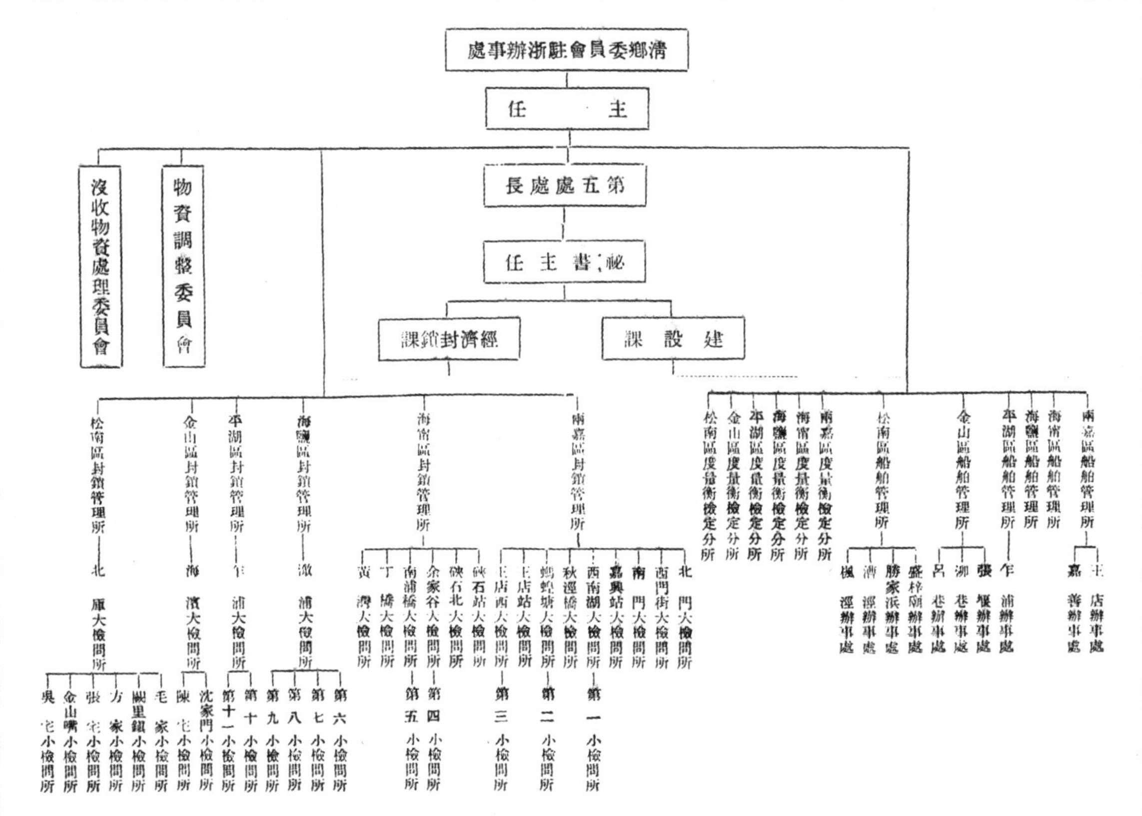

清乡委员会驻浙办事处第五处组织系统结构图

第二处自治课课长乔震玉

3.经济清乡与经济封锁

记载日伪经济清乡各种丑恶
行径的《经济与建设》

“太湖东南第二期清乡地区”常年物产图

说明：日伪掠夺境内丰富物产之野心昭然若揭。

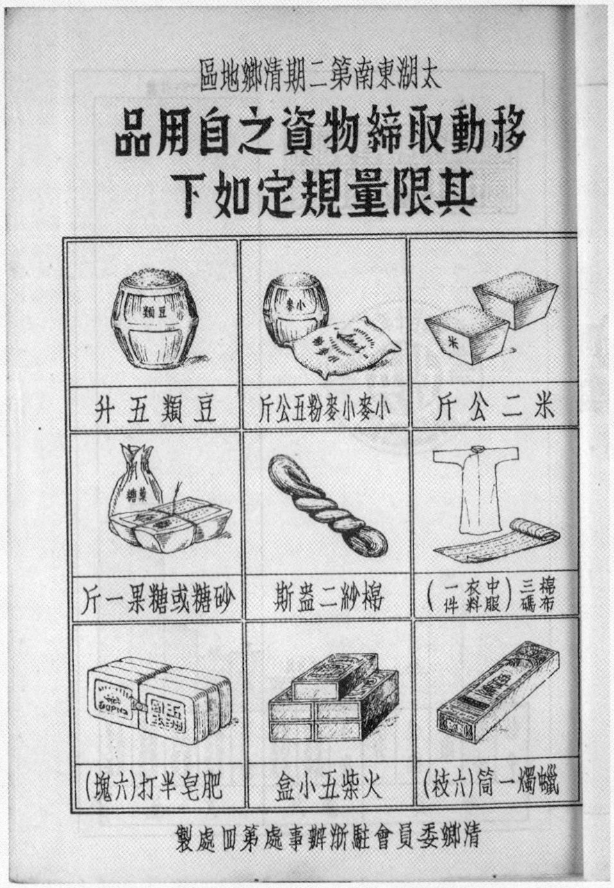

太湖東南第二期清鄉地區

移動取締物資之自用品其限量規定如下

米二公斤	小麥小麥粉五公斤	豆類五升
棉布三碼（中衣服料一件）	棉紗二盎斯	砂糖或糖果一斤
蠟燭一筒（六枝）	火柴五小盒	肥皂半打（六塊）

清鄉委員會駐浙辦事處第四處製

日伪实行经济封锁，严格控制物资流入国统区，沦陷区民众只能携带图中极少量的日用品等出行

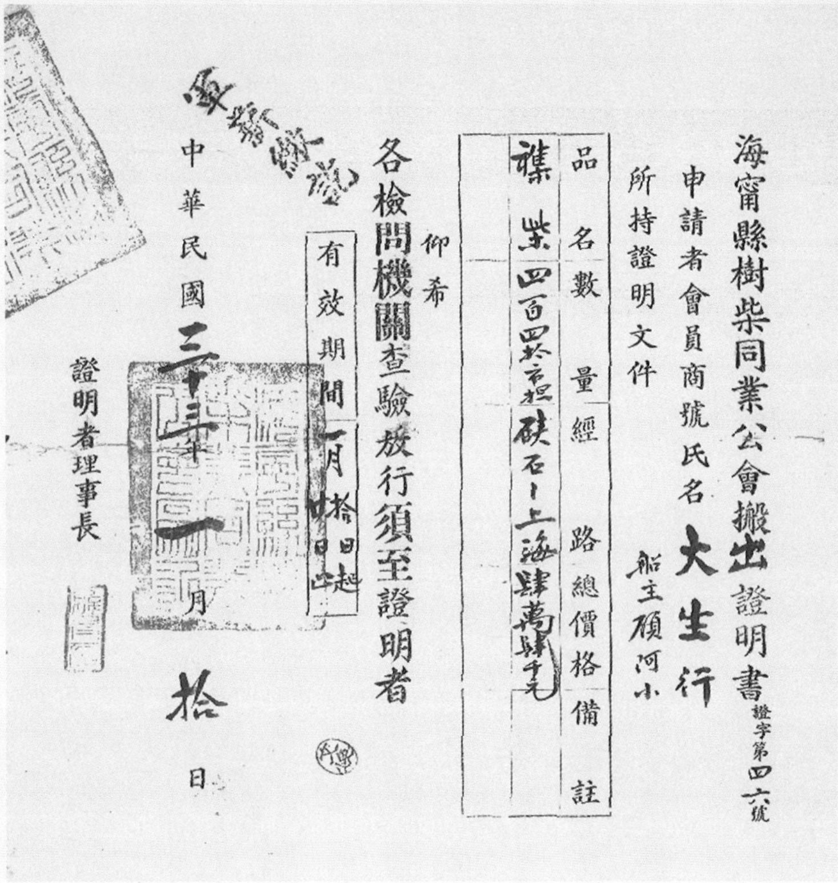

海甯縣樹柴同業公會搬出證明書 證字第四六號

申請者會員商號氏名 大生行

所持證明文件 船主顧阿小

品名	數量	經路	總價格	備註
樵柴	四百四拾市担	硖石—上海	肆萬肆千元	

仰希

各檢問機關查驗放行須至證明者

有效期間 一月拾日起

中華民國三十一年一月拾日

證明者理事長

海宁县树柴同业公会“搬出证明书”

说明：商业物资必须经日军许可并颁发“搬入”“搬出”证明才能流通，但仍常遭日伪刁难盘剥。

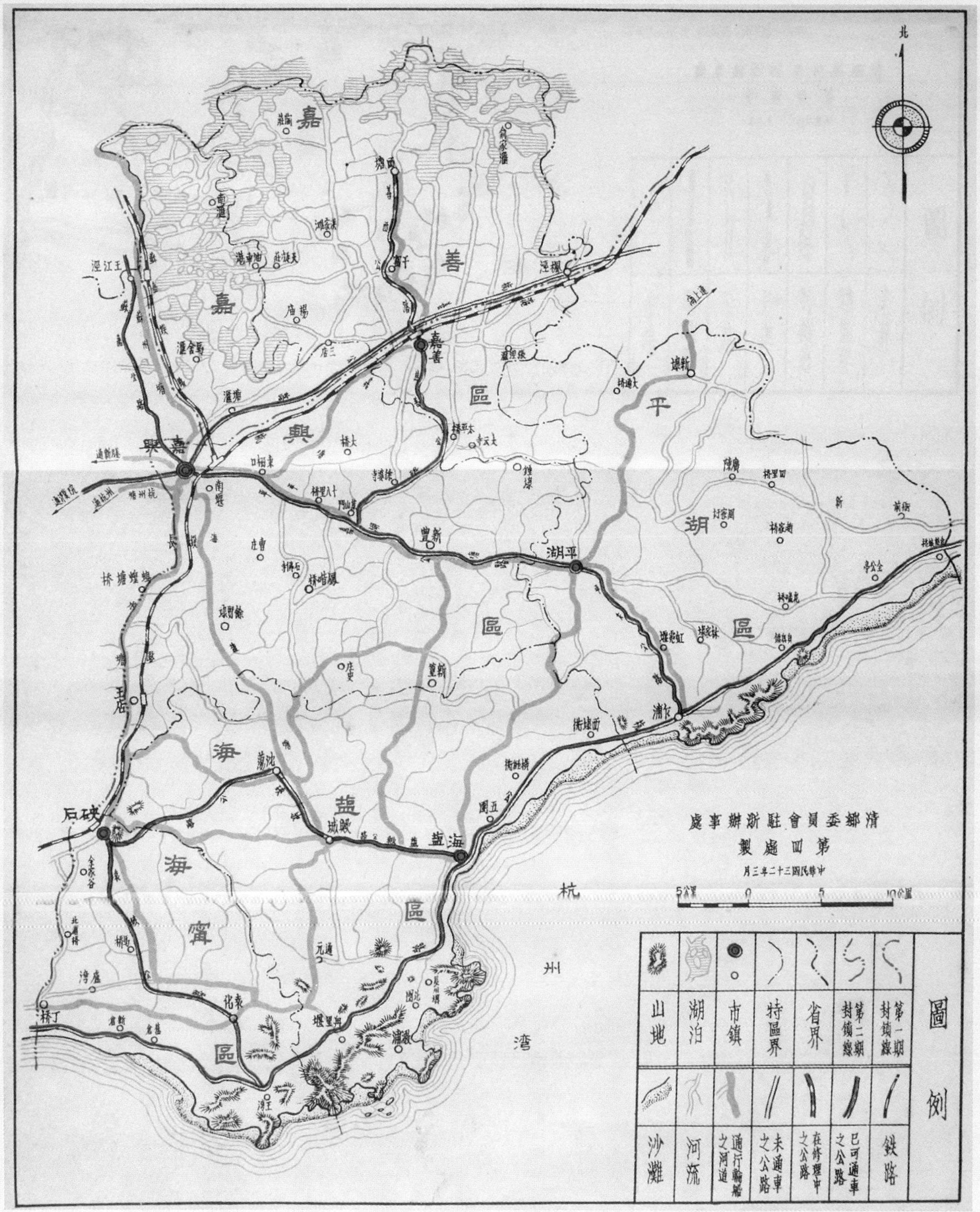

说明：日伪对交通线实施严密控制。

“太湖东南第二期清乡地区”水陆交通图

嘉善讲堂设计图

硖石镇“都市建设”设计图

说明：日伪妄图通过无关痛痒的建设工作收买人心。

4.思想清乡与“新国民运动”

中華民國三十一年七月五日　嘉興新報　（星期日）　第一版

本報已領有宣傳部浙審字第三十四號登記證

嘉興新報　林柏生

第一七四二號

政院防止囤積居奇
制定各項取締規則
並公佈縣市物價評議會組織規程

主要商品類別表目
同業公會業務規程

汪委員長剴切曉諭
推行新運基本原則
每月八日實行新運服務

京社運會召集各公會代表
舉行談話曉諭政府法令

清鄉一週年　汪曼雲

日本興亞同盟
展開國民運動

國父陵園
訂定參謁規則

日軍突入烏鎮後
掃蕩渝第八戰區

整理舊幣委員會
粵分會正式成立

軸心軍迫近尼羅河
英以準備放棄亞港
臨退前將不惜施以徹底破壞

舉足輕重之土耳其
國際立場益趨微妙
伊斯美正考慮改組內閣

懸賞徵求清鄉文化
名言讖論應徵踴躍

“思想清乡”的舆论工具——《嘉兴新报》

视察嘉兴"新国民运动"的汪伪政府宣传部部长林柏生

说明：该运动强迫沦陷区民众接受适合于"大东亚战争"所需要的"国民新精神"，并实施以下教育和卫生改良工作。

清乡委员会驻浙办事处第二处教育课课长王志义

第二处卫生课课长吴少尊

1943年4月卫生课职员在平湖"欢迎"日本医学专家伊藤、山田、齐藤

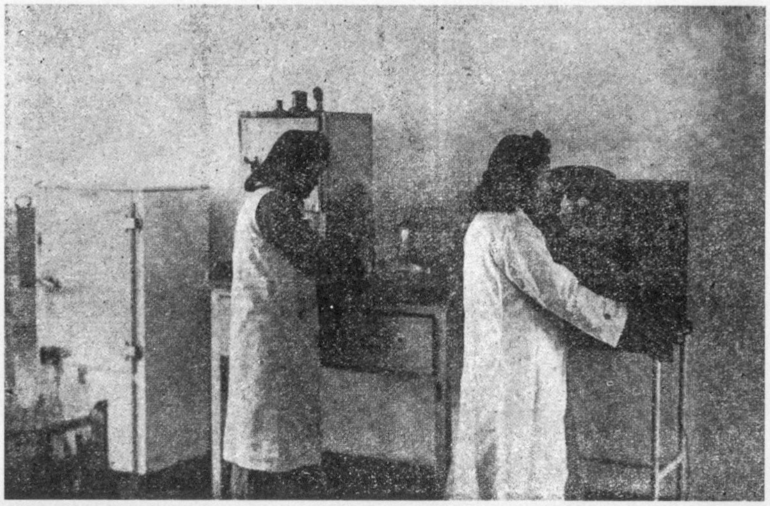

卫生课化验室

卫生课化验室之二

“公共卫生示范团”厕所清洁工作示范

饮用水消毒示范

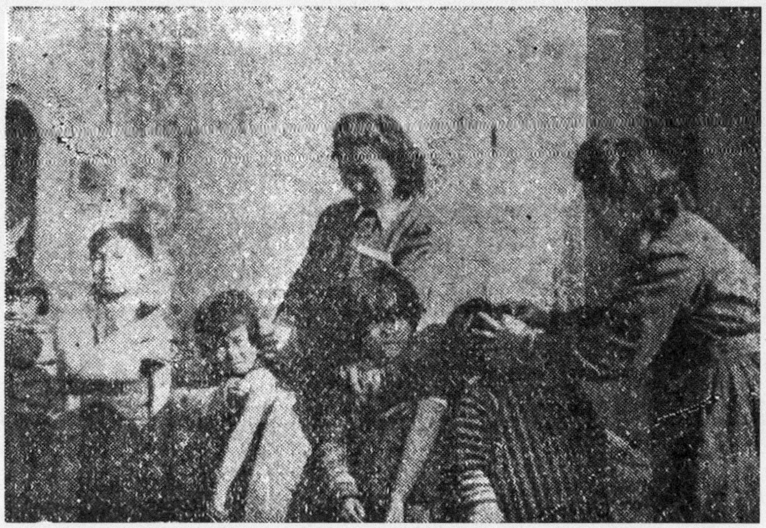

“示范团”进行家庭访问

卫生课“巡回诊疗队”在嘉兴王店镇免费施药

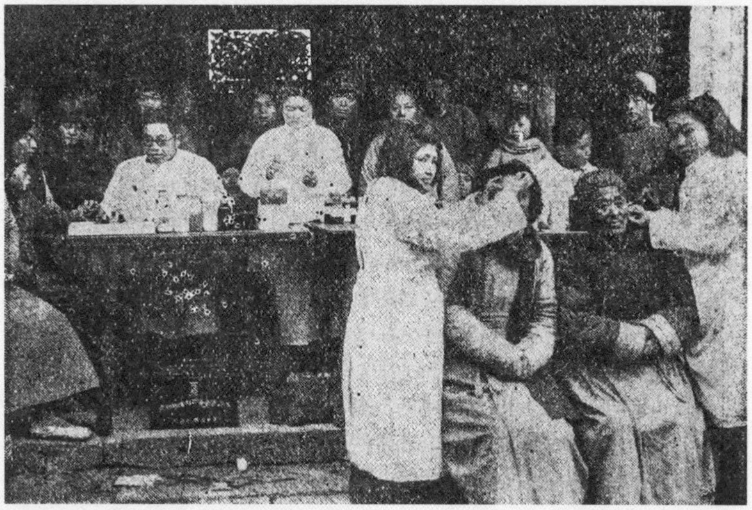

诊疗队在嘉兴余贤镇(今余新)

诊疗队在嘉兴新埭镇(今属平湖)进行卫生演讲

诊疗队在嘉善天凝镇为幼童接种牛痘

诊疗队在平湖

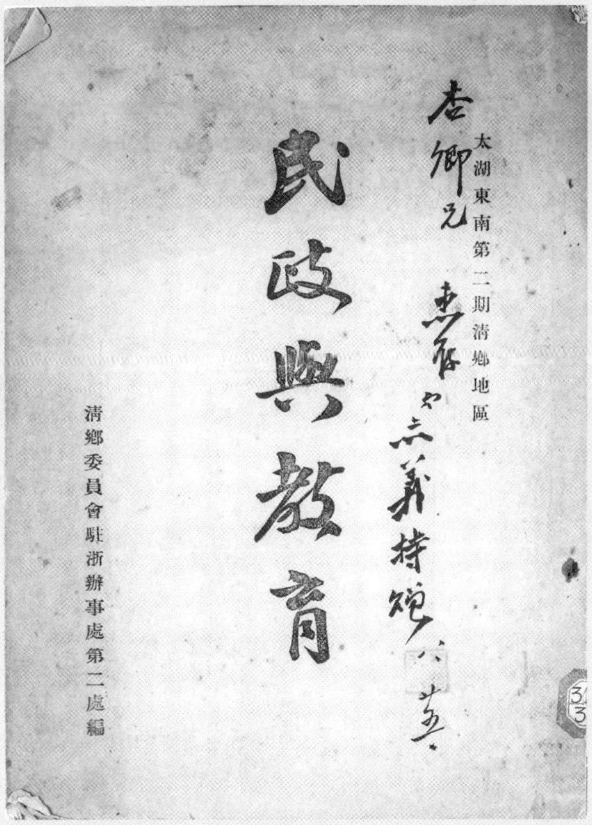

记录以上种种行径的《民政与教育》

5.抗日反清乡与争取最后胜利

国民政府海宁县县长郭兆丰撰写的《海宁县政府反"清乡"工作报告》,记载了截至1942年12月该县境内的反清乡斗争

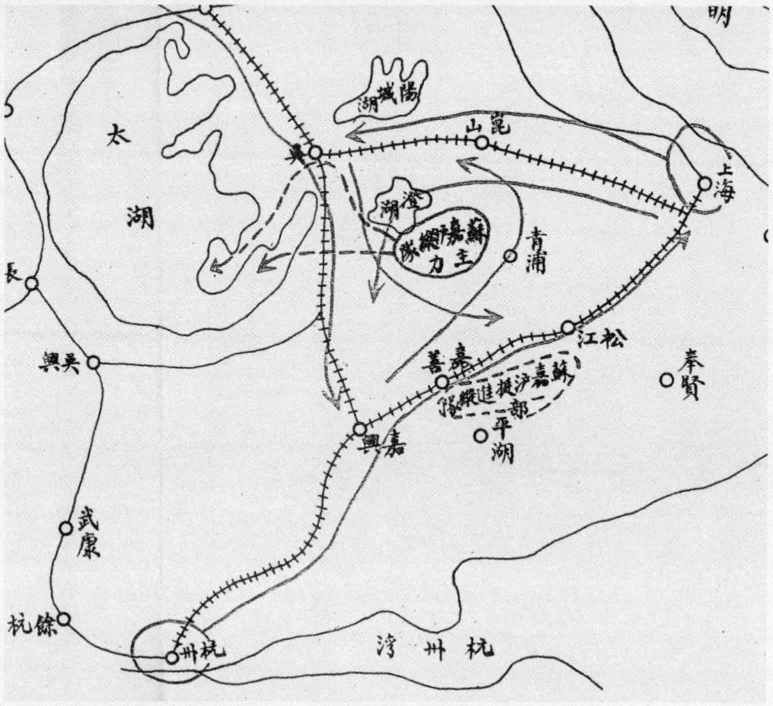

1942年忠义救国军反清乡作战经过要图

说明:该部下属的"苏嘉沪挺进纵队"曾在嘉善、平湖一带实施游击战,但不久即撤往浙西山区。

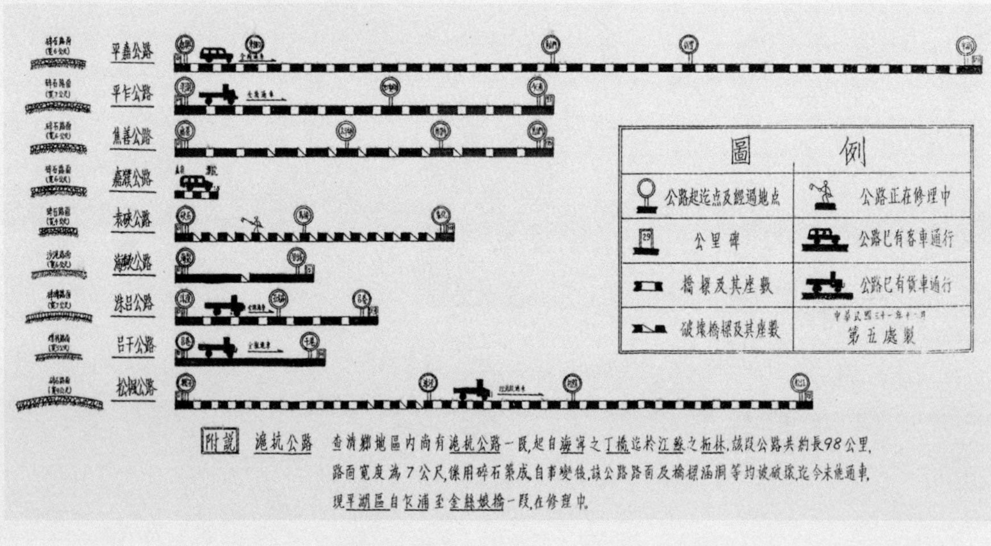

汪伪清乡委员会驻浙办事处第五处绘制的"太湖东南第二期清乡地区"公路状况图

说明:大部分公路被我军民破坏而无法通车。

国民政府嘉兴县自卫总队部三十二年度各项任务报告记载了反清乡的内容

1943 年嘉兴县县长王梓良营救英国侨民、上海太古洋行职员康特（右）

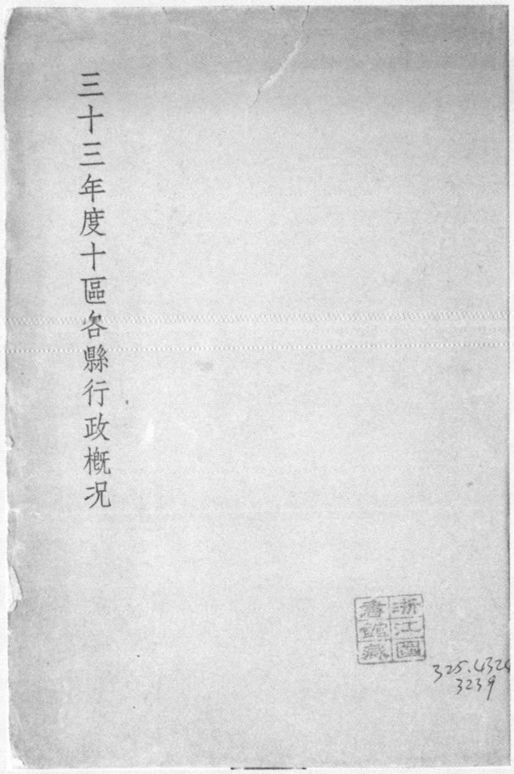

浙江省第十区行政督察专员兼保安司令公署司令朱希撰述的《三十三年度十区各县行政概况》

说明：该报告与《浙西初期抗战史话》都详细记载了境内的抗日烽火史。

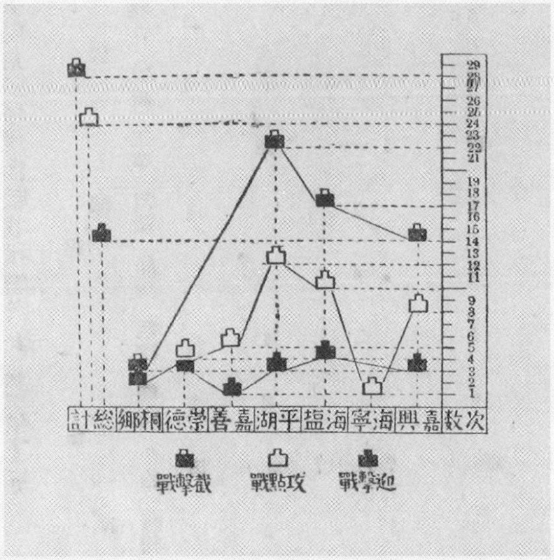

1944 年第十区各县反清乡作战性质统计与比较

说明：从图中可见我方主动出击的“截击战”和“攻点战”明显多于被动的“迎击战”。

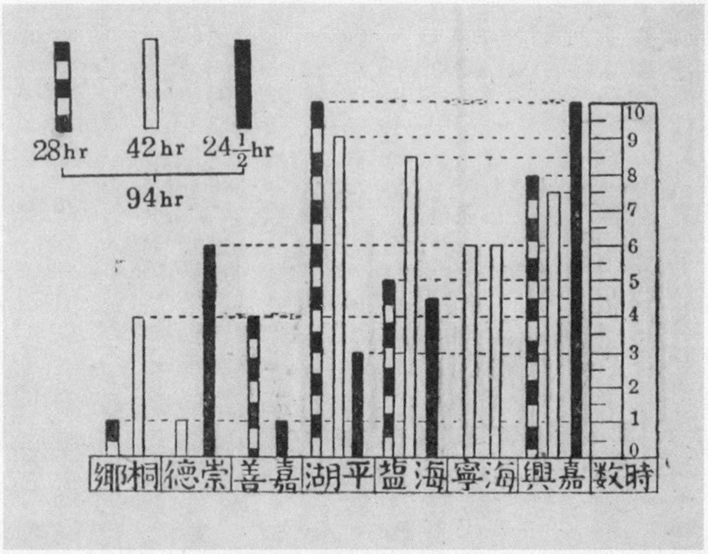

1944 年抗敌作战时间统计与比较

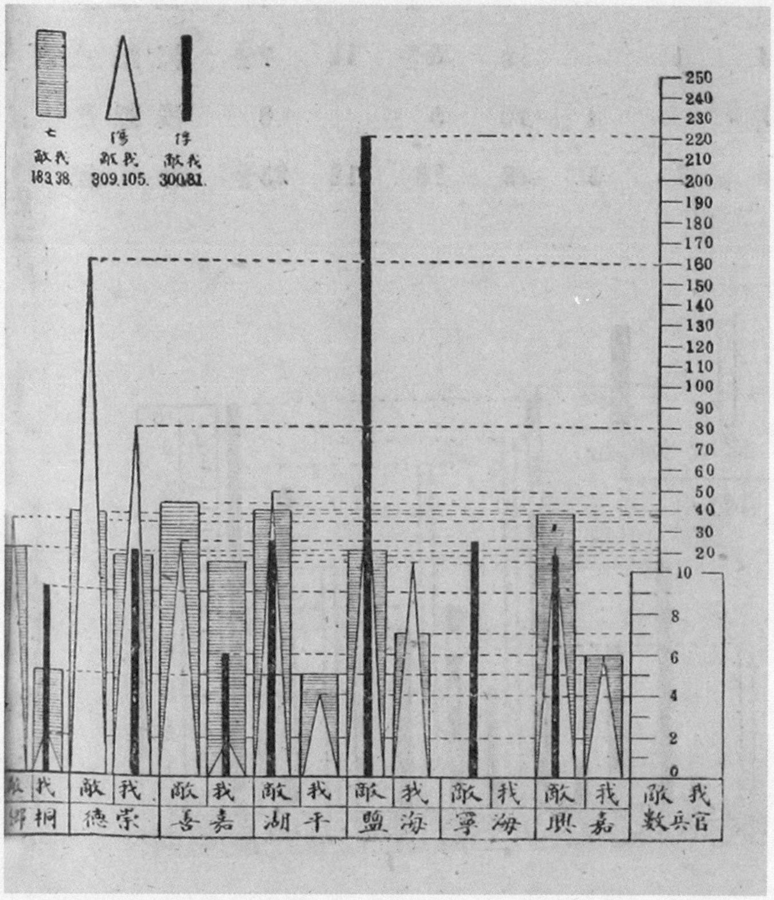

1944 年敌我官兵作战伤亡比较

说明：从左上方的数字可见，无论是伤亡数还是被俘数，我军均远远低于日伪军。

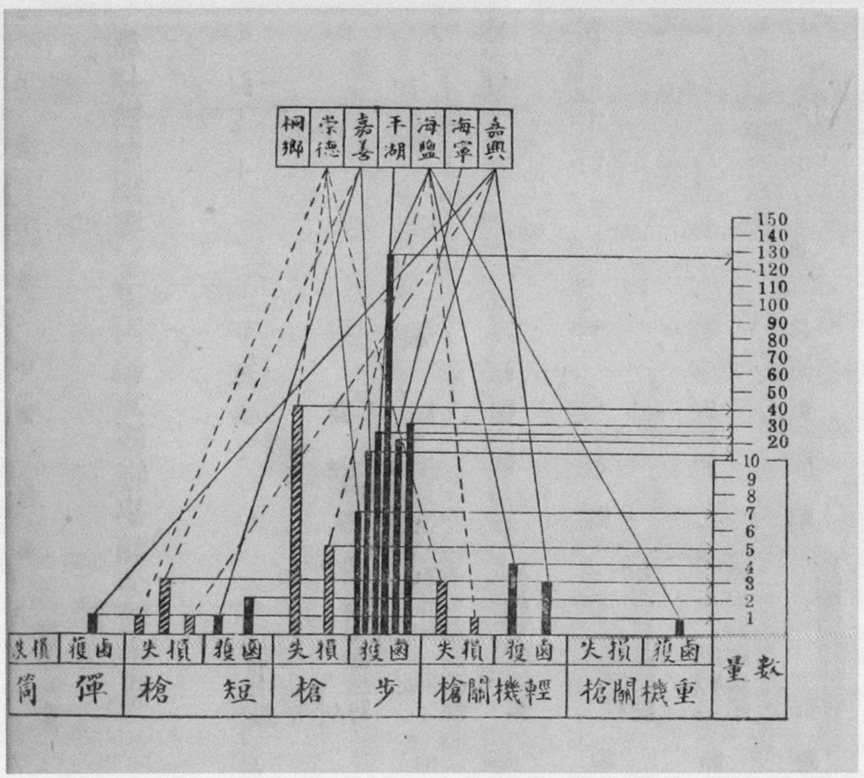

1944年反清乡作战的武器虏获与损失统计

说明：足见我军斩获颇丰，损失极少。

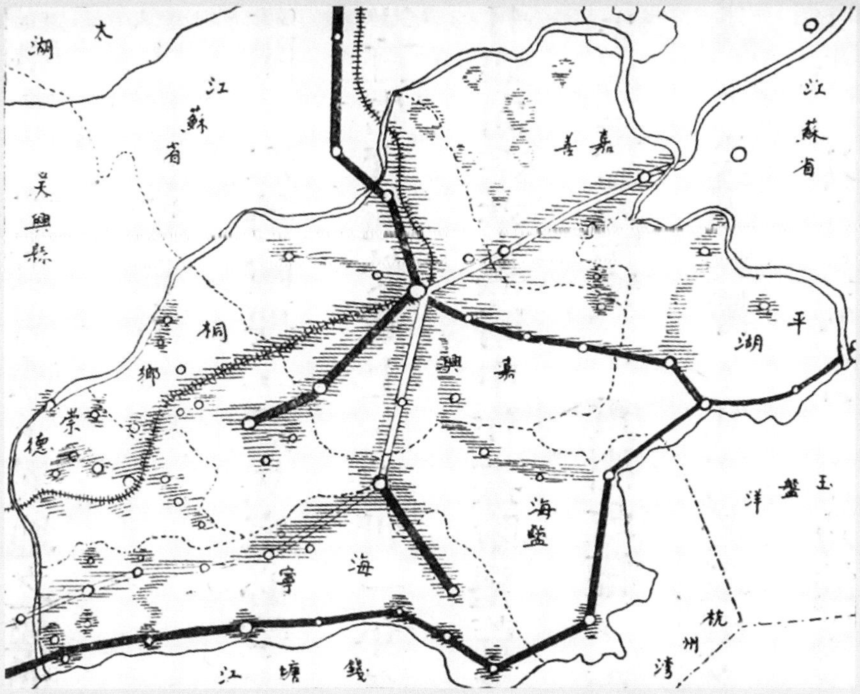

1944年日伪控制区域图

说明：反清乡战斗取得重大成果，迫使日伪退回各大城镇及交通干线两侧的狭长区域(图中横线)。

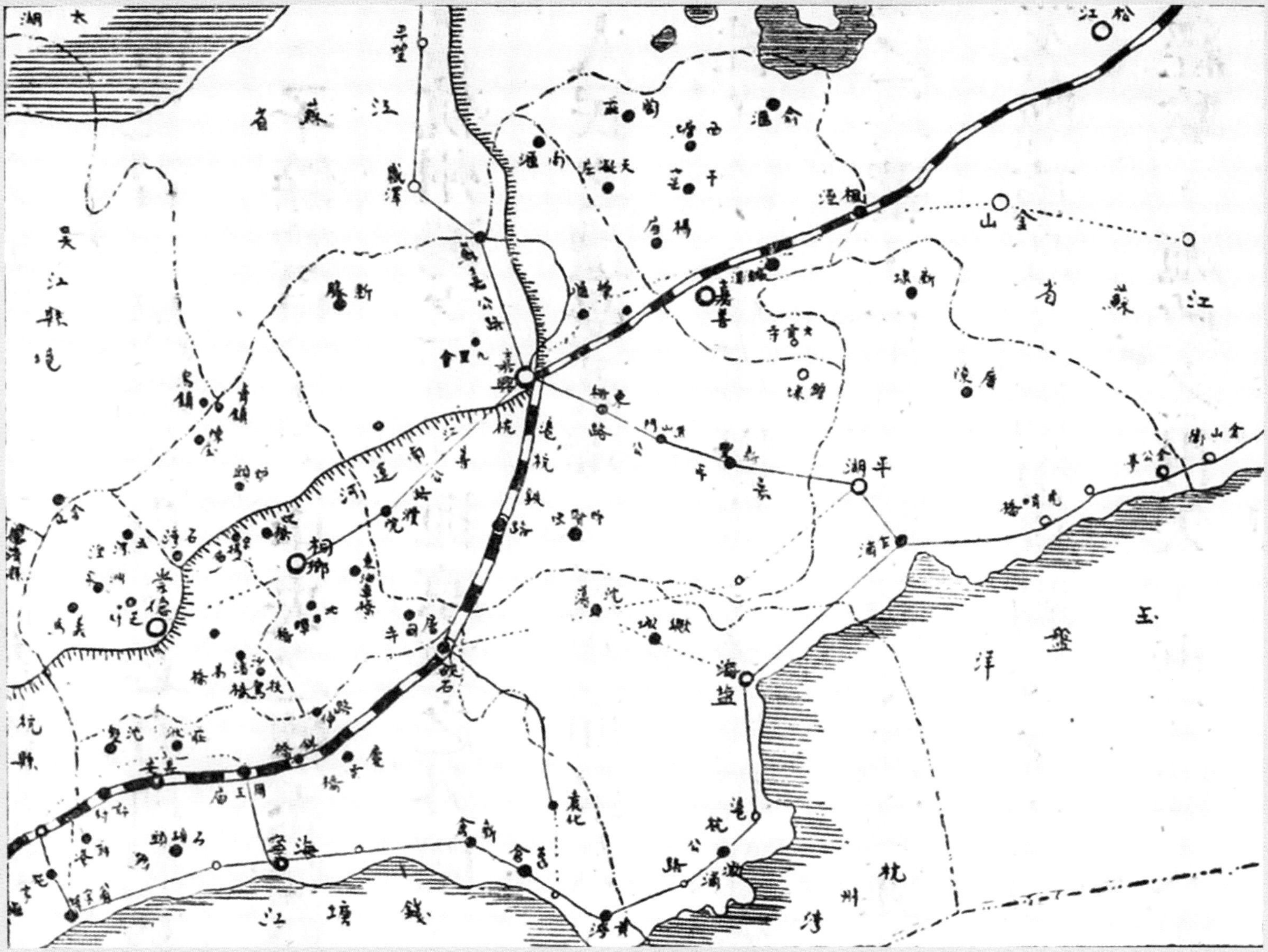

1944 年境内日伪据点分布图

6.抗日战争取得胜利

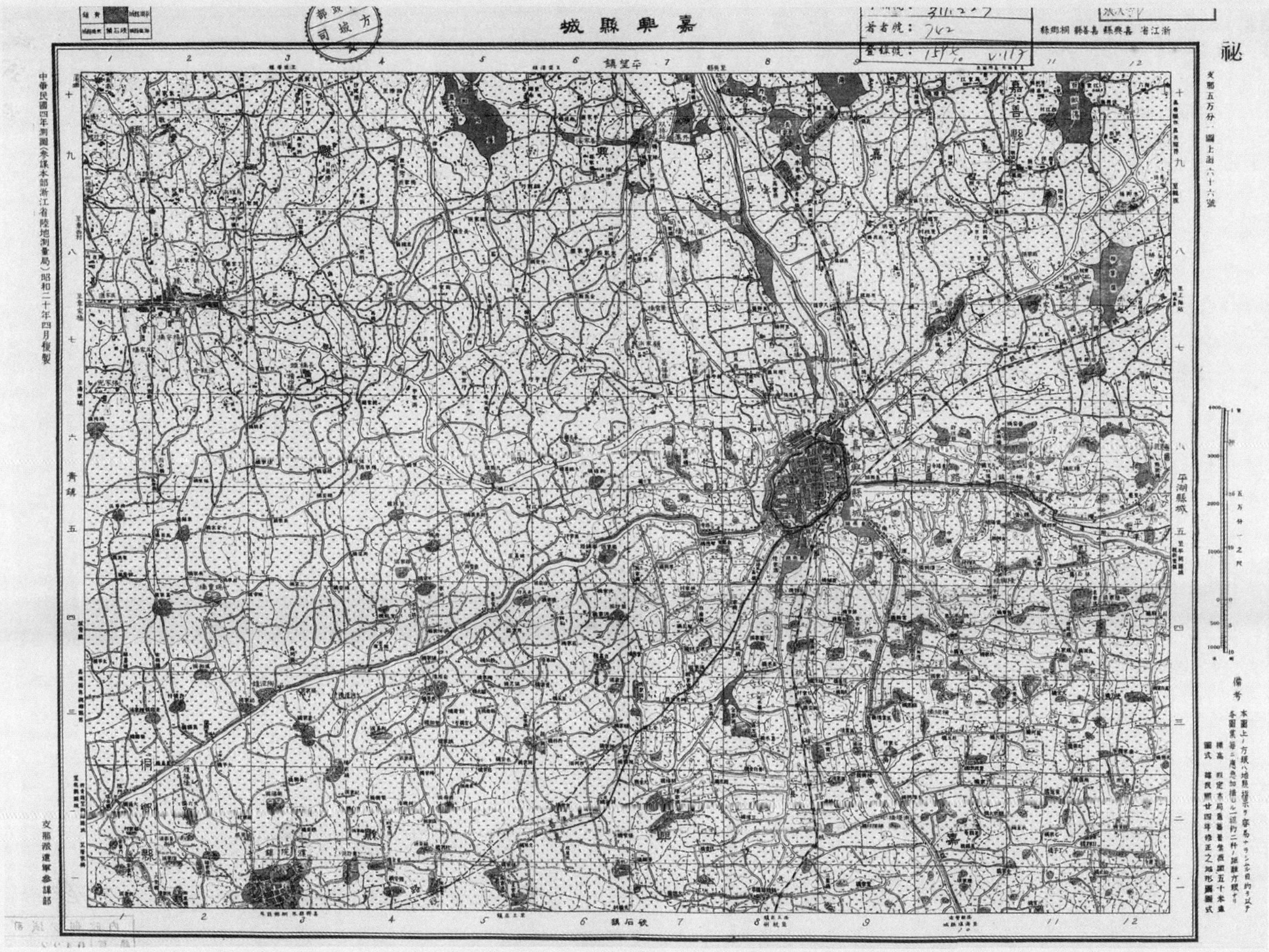

日本“支那派遣军”参谋部 1945 年 4 月复制的嘉兴地图

说明：当时日军正防备盟军在杭州湾登陆，故需掌握境内各地的详情。

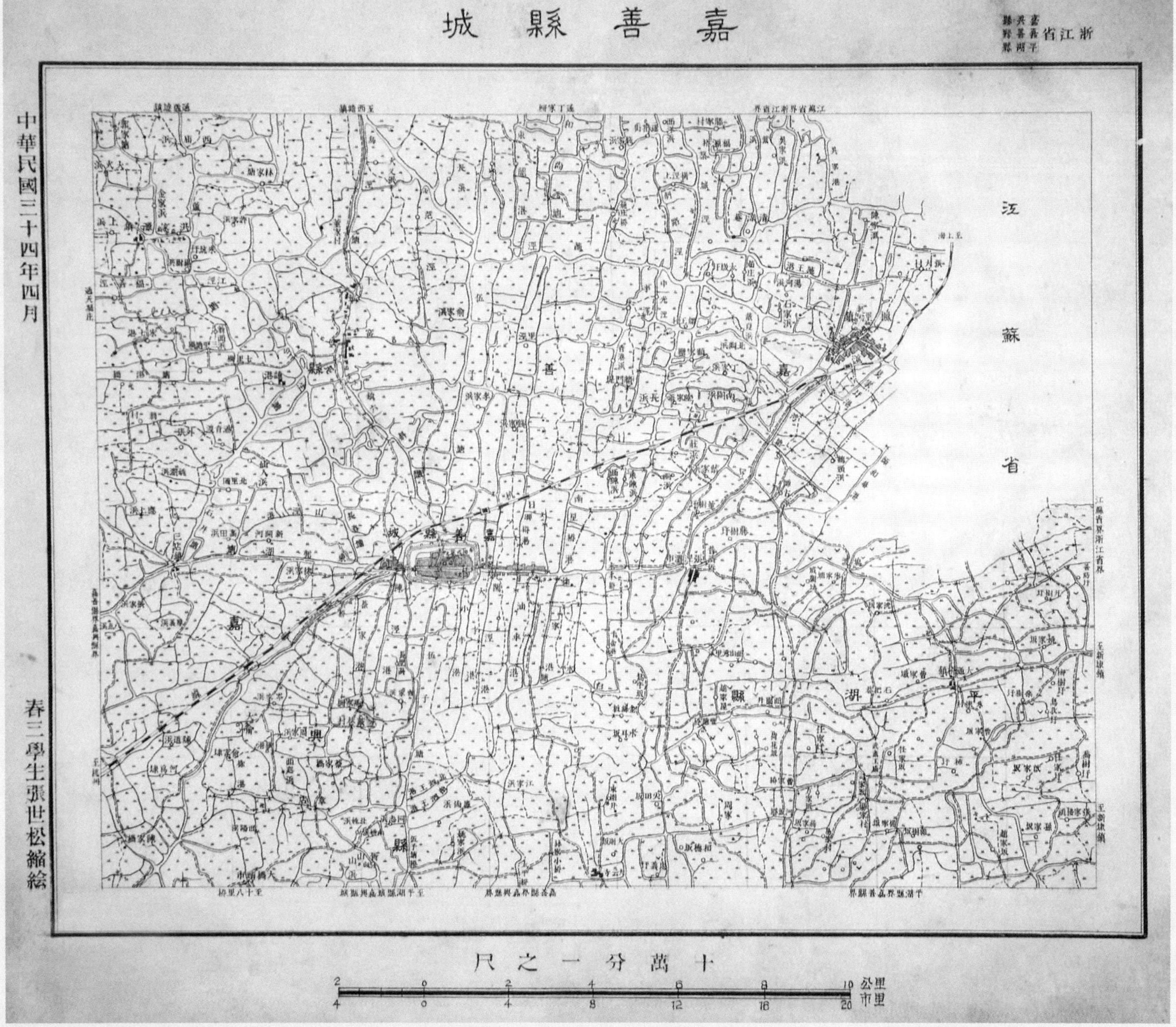

1945 年 4 月的嘉善地图

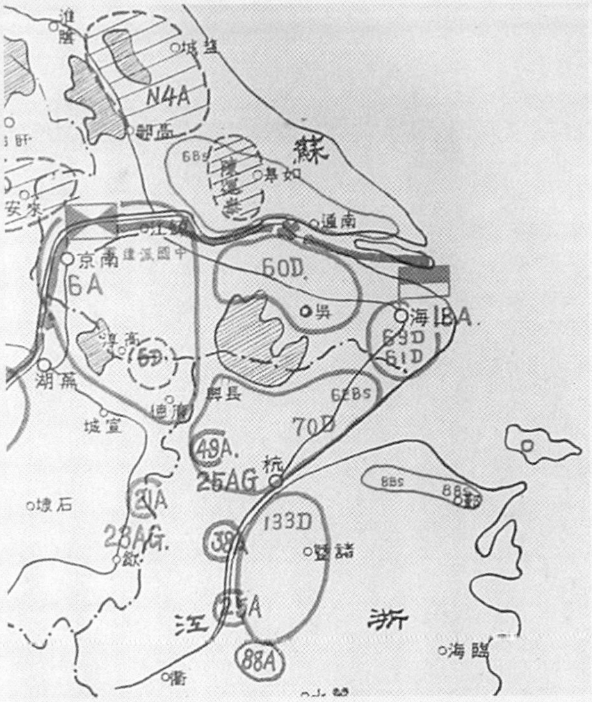

日本宣布无条件投降前夕江浙一带的日军兵力分布图

说明：嘉兴境内主要被第 70 师团和独立混成第 62 旅团占据。

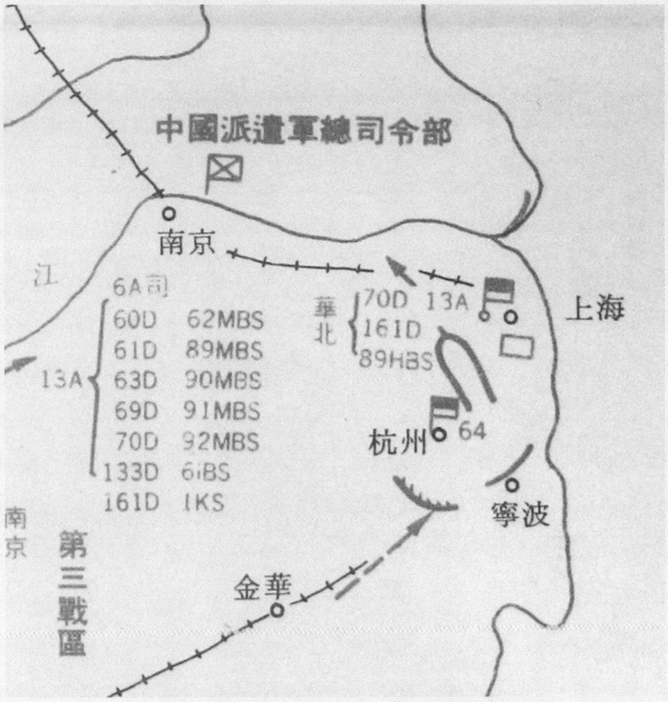

8 月 15 日日本投降时的日军兵力分布图

8 月初汪伪政府任命蔡宝璜为伪桐乡县县长

说明：此人尚未到任，抗战就已取得胜利，汪伪政府则已提前垮台。

9 月 9 日第十区公署、嘉兴县政府各机关由南堰经盐仓桥入城，随后举行复员仪式。沦陷八年之久的嘉兴城终于回到了中国人民的手中

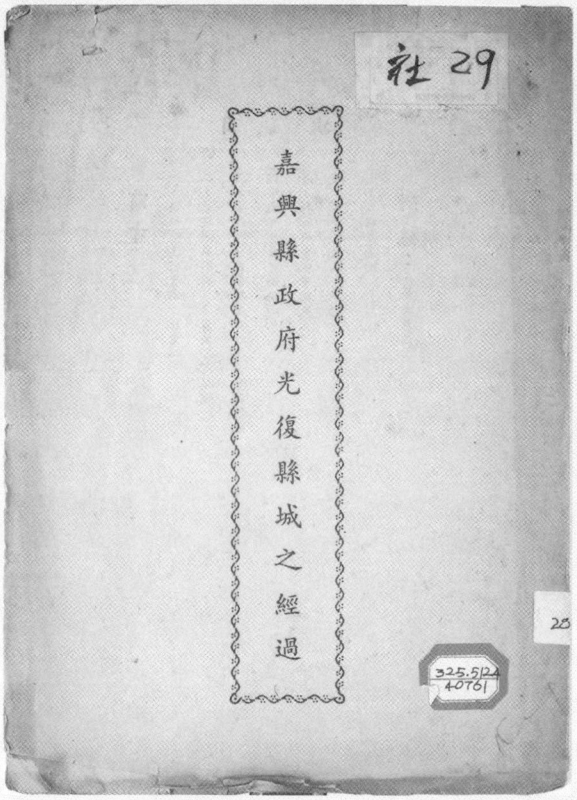

《嘉兴县政府光复县城之经过》记述了上述复员入城的史实

汪伪清乡委员会驻浙办事处主任傅式说在上海接受审判，1947年被判处死刑

1948年“石田炮兵部队奋战之地”石碑上的桥本欣五郎（参见第三篇）被远东国际军事法庭判处无期徒刑

滥杀民众的“枫泾恶魔”——松公义盛经审判后被押赴刑场执行枪决

被称作“嘉善之狼”的日军嘉善宪兵队“思想班”士兵松本洁于 1947 年 6 月 11 日被南京军事法庭判处死刑，上午 11 时 15 分被押至雨花台刑场

松本洁被枪决的瞬间

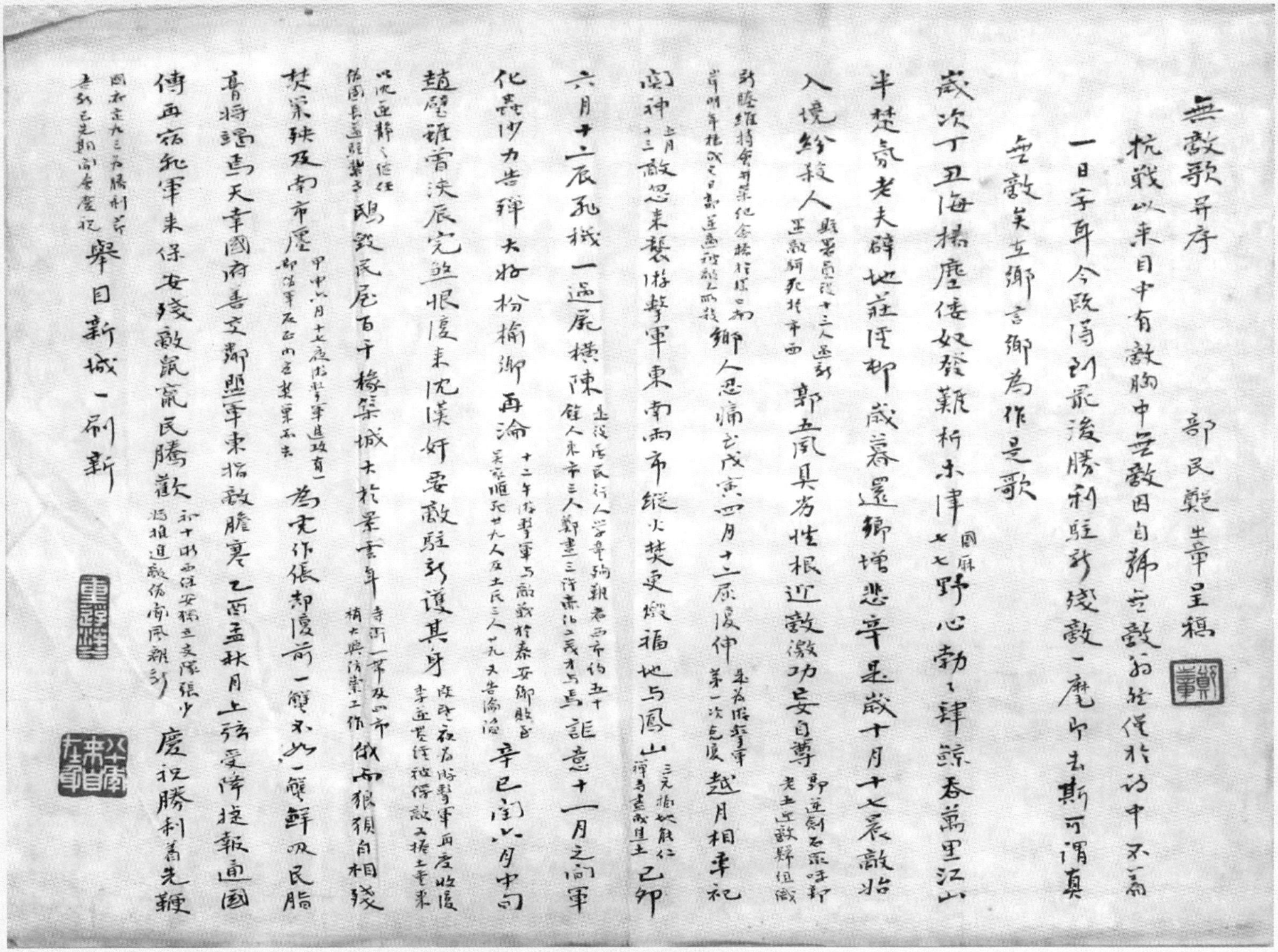
無敵歌并序
鄭民艱 之章呈稿
抗戰以來目中有敵胸中無敵因自號無敵翁然僅於詩中不一篇
一日宇再今既得到最後勝利驅新殘敵一麾而去斯可謂真
無敵矣立鄉言鄉為作是歌
歲次丁丑海揚塵倭奴發難析木津 七七野心勃勃肆鯨吞萬里江山
半楚氛老夫辟地莊涇柳歲暮還鄉增悲辛是歲十月十七晨敵船
入境紛殺人 郭五鳳具劣性根近敵邀功妄自尊
鄉人思痛戊寅四月十二辰復仲 越月相率祀
閟神 十三敵忽來襲游擊軍東南兩市縱火焚更燬福地與鳳山 己卯
六月十二辰乘機一過屍橫陳 詎意十一月之間軍
化為沙力告殫大將扮榆御再淪 辛巳閏六月中旬
趙壁雖會決辰完無根復來沈漢奸要敵駐新護其身
鷗毀民居百千椽築城大於景雲年 敵兩狼狽自相殘
焚棄鉄及南市廛 為虎作倀却復前一饑不如一饑鮮吸民脂
膏將驕焉天幸國府善交鄰盟軍東指敵膽寒乙酉孟秋月上弦受降捷報通國
傳兩宿和軍來保安殘敵鼠竄民騰歡 慶祝勝利着先鞭
舉目新城一刷新

南社社员、新塍人郑之章为庆祝抗战胜利而题写的《无敌歌并序》

图片来源

一、中文文献

(一)图书

嘉兴县旅外同乡会会本部编:《嘉兴劫后文献》第 1 辑,1939 年

温延龄撰:《浙西初期抗战史话》,浙西民族文化馆,1944 年

李粹龢等合编:《二十九年之海北政治》,浙西民族文化馆,1942 年

浙江省动员委员会战时教育文化事业委员会编:《嘉属各县敌伪奴化教育实施概况》,1940 年

郭兆丰撰:《海宁县政府反"清乡"工作报告》,1942 年

朱希撰:《浙江省第十区行政督察专员兼保安司令公署三十三年度视察报告》,1945 年

佚名编:《嘉兴县政府光复县城之经过》,1945 年

嘉区民国日报社编:《嘉区文献》,嘉区民国日报社,1937 年

冯紫岗编:《嘉兴县农村调查》,国立浙江大学、嘉兴县政府,1936 年

董中生编:《嘉兴县编造丘地图册报告书》,嘉兴县政府,1936 年

嘉兴商报社编:《嘉兴商报复刊周年纪念册》,1947 年

嘉善县政府教育科编:《嘉善县地方性教材》,1937 年

中央政治学校地政学院编:《平湖之土地经济》,地政学院、平湖县政府,1937 年

浙江省立第二中学编:《浙江省立第二中学一览》,1929 年

汪浩撰:《抗战中之浙西》,天目书店,1940 年

王梓良编:《浙西抗战纪略》,中国文献出版社,1966 年

陈诚撰:《八年抗战经过概要》,国防部史料局,1946 年

桂林行营参谋处编:《对倭作战资料》,1939–1940 年

航空委员会政治部编:《空军抗战三周年纪念专册》,航空委员会,1940 年

文汇年刊编辑委员会编:《文汇年刊》,英商文汇有限公司出版部,1939 年

黄源撰:《随军生活》,大众出版社,1938 年

钱君匋撰:《战地行脚》,烽火社,1939 年

傅润华主编:《抗战建国大画史》,中国文化信托服务社,1948 年

行政院农村复兴委员会编:《浙江省农村调查》,商务印书馆,1935 年

浙江省政府民政厅编:《浙江省政府县长考试特刊》,1928 年

沪宁沪杭甬两路编查课编:《沪宁沪杭甬铁路第二期旅行指南》,1921 年

辽宁省档案馆编:《满铁与侵华日军》,广西师范大学出版社,1999 年

蒋纬国编:《抗日御侮》,黎明文化事业股份有限公司,1978 年

台北情报局编:《忠义救国军志》,1962 年

(伪)浙江省海盐县公署编:《海盐县公署纪念特刊》,1940 年

谭裕卿编:《一年来之海宁县政》,(伪)海宁县公署,1939 年

(伪)清乡委员会驻浙办事处第五处秘书室编:《经济与建设:太湖东南第二期清乡地区》,1943 年

(伪)清乡委员会驻浙办事处第二处编:《民政与教育:太湖东南第二期清乡地区》,1943 年

(伪)维新政府行政院宣传局编:《维新政府初周纪念册》,1939 年

(伪)浙江省秘书处第一科编:《浙江省政府成立初周纪念特刊》,1939 年

(伪)浙江省建设厅秘书室编:《浙江省建设厅成立初周纪念特刊》,1939 年

(伪) 浙江省宣传委员会秘书室编:《浙江省宣传委员会成立初周纪念特刊》,1940 年

(伪)浙江省政府编:《浙江省政概况》,1944 年

(伪)杭县县公署编:《浙江省杭县县公署成立初周纪念特刊》,1939 年

(伪)江苏省政府秘书处编:《江苏省政年刊(中华民国三十年度)》,1941 年

(伪)江苏省赈济会编:《江苏省赈济会兼理浙江赈济事宜报告书》,1940 年

(二)报刊

《农村建设》《秀州钟》《海宁》《东南日报》《行政院公报》《浙江省政府公报》《东方杂志》《良友画报》《中华》《抗日画报》《抗战画报》《抗敌画报》《战时画报》《战事画报》《战斗画报》《铁血画报》《大美画报》《联合画报》《烽火》《战旗》《战地》《胜利》《一条心》《妇女杂志》《国闻周报》《军事杂志》《浙江教育行政周刊》《浙江青年》《华东联中期刊》《江西省政府公报》《教育杂志》《礼拜六》《大亚画报》《复兴月刊》《京沪沪杭甬铁路日刊》《京沪周刊》《道路月刊》《农业周报》《电气简报》《电光》《香海画报》《联益之友》《环球》《青年界》《光华年刊》《中国学生》《中流》《东南医刊》《首都市政公报》《江苏教育》《江都县政治月刊》

(伪)《嘉兴新报》(伪)《平湖新报》(伪)《海宁新报》(伪)《国民政府还都纪念刊》(伪)《新中国》(伪)《新东方》(伪)《县政研究》(伪)《中日文化》(伪)《华文大

阪每日》(伪)《中华青年》(伪)《和平杂志》(伪)《大陆画刊》(伪)《杂志》(伪)《电信建设》(伪)《水利委员会汇刊》(伪)《女声》(伪)《太平》(伪)《鄂报》

(三)档案

中国第二历史档案馆、浙江省档案馆、上海市档案馆、嘉兴市档案馆馆藏档案

二、日文文献

(一)图册

原頂編:《中支出征記念寫真帖(柳川部隊本部)》,1938 年

牛島部隊編:《聖戰記念 第一輯(牛島部隊)》,三益社,1939 年

南支派遣軍百武部隊中村(次)部隊編:《聖戰記念(中村次部隊)》,1941 年

田中重雄編:《山本部隊出征記念寫真帳》,信濃每日新聞株式會社,1939 年

水上部隊編:《支那事變出征記念寫真帖(步兵第六十六聯隊)》,中戶川洋行,1939 年

栗原芳雄編:《南船北馬:菅原部隊記念寫真帖》,南船北馬刊行會,1939 年

杉本部隊編:《聖戰記念(杉本部隊)》,陌間萬介,1939 年

蔦增二編:《轍痕千里:昭和十二·三年支那事變記念 第一輯(野戰重砲兵第十三聯隊)》,1938 年

村澤靖堂编:《征野:大塚部隊支那事變記念寫真帖》,第三師團指定寫真館,1939 年

黑山海藏编:《中支出征記念寫真帳(三宅長盛部隊)》,1939 年

伊東部隊編:《支那事變記念寫真帖(伊東部隊)》,三益社,1939 年

福井部隊編:《聖戰記念(福井部隊)》,三益社,1938 年

酒井克己編:《輪のあと:鳥海部隊中支轉戰の記錄寫真帖》,鳥海部隊,1940 年

塚田粂治郎編:《中支を征く》,1939 年

近藤實編:《從軍記念(中支軍鐵道局)》,橋岡寫真館本店,1938 年

矢田中尉編:《支那事變紀念寫真帖 (佐藤質部隊)》,佐藤質部隊本部,約1940 年

久納部隊編:《聖戰記念 第二輯(久納部隊)》,大亞公司,1939 年

土橋部隊編:《戰塵 第一輯(土橋部隊)》,三益社,1940 年

山田廣治編:《出征記念(牧野部隊)》,不詳

古屋一郎編:《轍蹟:支那事變從軍記念寫真抄 上海より宜昌まで》,桧書店,1942 年

結城部隊本部編:《支那事變出征紀念寫真帖(結城部隊)》,クラオン寫真館,1940 年

和田純久主編:《軍艦名取支那事變從軍記念寫真帖》,1939 年

星野辰男編:《支那事變寫真全集(中)上海戰線》,朝日新聞發行所,1938 年

長澤虎雄編:《昭和十二年支那事變上海戰線寫真帖》,尚美堂出張所,1937 年

鈴木貞吉編:《支那事變寫真帖(湖東會戰編)》,クラオン寫真館,1938 年

田中良三編:《昭和十二年支那事變南京攻略戰寫真帖》,尚美堂本店,1937 年

濱野基一編:《カメラの戰士(濱野嘉夫)》,1938 年

海軍省恤兵係編:《支那事變記念寫真帖(海軍省)》,1940 年

櫻木俊晃編:《支那事變寫真全集(六)荒鷲部隊》,朝日新聞發行所,1940 年

佚名编:《支那事變記念寫真帖(第一航空戰隊)》,不詳

飛行第三大隊編:《支那事變寫真帳(飛行第三大隊)》,1938 年

中部防衛司令部高等官集會所編:《支那事變防空寫真集(上海·南京·杭州附近)》,1939 年

忠勇社編:《支那事變聖戰寫真史》,1938 年

武田金治郎編:《出征記念:支那事變寫真帖》,約 1939 年

新聞資料協會編:《支那事變:皇國之精華》,1938 年

中支從軍記念寫眞帖刊行會編:《中支を征く》,1940 年

三益社編:《皇威輝く中支之展望》,1939 年

滝藤治三郎:《中支大觀》,華中洋行,1939 年

田中良三編:《中支景勝寫真集》,尚美堂,1939 年

長澤英雄編:《吳楚風物》,華中鐵道股份有限公司,1942 年

上海内河汽船株式會社編:《中支の水路を往く(第一輯)》,1941 年

每日新聞社編:《每日新聞秘蔵不許可写真》,1998 年

(二)报刊

《支那事變畫報》《アサヒグラフ》《寫真週報》《讀賣新聞》

(三)资料与著作

滿鐵上海事務所調查室編:《浙江省嘉興縣真如鄉ニ於ケル水稻栽培概要竝水稻坪刈調查成績》,1942 年

アジア歷史資料センター(JACAR)

讀賣新聞社編輯局編:《支那事變實記》,讀賣新聞社,1941 年

阿部信夫編:《支那事變戰記:海軍航空戰》,講談社,1939 年

井上久士編、解說:《華中宣撫工作資料》,不二出版,1989 年

行政院宣傳局編:《維新政府之現況:成立一周年記念》,1939 年

維新政府概史編纂委員會編:《中華民国維新政府概史》,行政院宣傳局,1940 年

浙江省連絡部第二科編:《浙江經濟便覽》,1944 年

天野元之助編:《支那農業經濟論》,改造社,1942 年

華中蠶絲股份有限公司編:《華中蠶絲股份有限公司沿革史》,1944 年

鷲見一政編:《大陸の交通を語る(水運篇、陸運篇)》,大陸新報社,1941 年

華中鐵道營業課編:《華中鐵道沿線案内》,華中鐵道株式會社業務部,1939 年

華中鐵道股份有限公司編:《華中鐵道と中支那》,華中鐵道股份有限公司東京支社,1943 年

石割平造編:《支那城郭ノ概要》,支那派遣軍總司令部,1940 年

東洋協会調查部編:《東洋協会調查資料》,日本図書センター,2002 年

高橋正衛解說:《続·現代史資料》(6)《軍事警察》,みすず書房,1982 年

天野元之助編:《中国農業の諸問題》,技報堂,1953 年

藤村謙編:《変転せる我が人生:明治·大正·昭和·戦記と随想》,日本文化連合会,1973 年

三、英文文献

North China Daily News(字林西报)

Illustrated London News(伦敦新闻画报)

四、私藏文献

南京民间抗日战争博物馆馆藏日军图册

岳钦韬藏日军图册

薛家煜先生藏民国嘉兴档案

庄佳玥先生藏日军明信片

参考文献

一、画册

曹聚仁、舒宗侨编:《中国抗战画史》,联合画报社,1947 年

中国第二历史档案馆编:《中华民国历史图片档案》,团结出版社,2002 年

杨克林、曹红编:《中国抗日战争图志》,(香港)天地图书公司,1992 年

李抗和编:《血泪抗日五十年》,(台北)乡村出版社,1980 年

李云汉主编:《中华民国抗日战争图录》,(台北)近代中国出版社,1995 年

汤伟康编:《上海抗战:一二八·八一三战役》,(香港)商务印书馆,1995 年

郑震孙编:《日本侵华图片史料集》,新华出版社,1984 年

樊建川编:《兵火:由日军影像资料看中国抗日战争》,解放军文艺出版社,2008 年

樊建川编:《百城沦陷》,金城出版社,2011 年

陈林、雨航编:《日军侵华罪行最新图鉴》,中国文史出版社,2014 年

万仁元主编:《汪精卫与汪伪政府》,(台北)台湾商务印书馆股份有限公司,1994 年

高三山、吕树本主编:《浙江人民革命史画册(1840–1949)》,浙江摄影出版社,1991 年

汪力成主编:《日寇入侵浙江旧影录》,杭州出版社,2005 年

中共浙江省委党史研究室、海宁市史志办公室编:《悲恨长大:日军侵略浙江图志》,中共党史出版社,2010 年

秦风编:《民国南京(1927–1949)》,文汇出版社,2005 年

(日)每日新聞社编:《一億人の昭和史》,1975–1977 年

二、资料与著作

中共嘉兴市委党史研究编:《嘉兴市抗战时期人口伤亡和财产损失调研成果汇编》,中共党史出版社,2009 年

嘉善县史志办公室编:《嘉善县抗战时期人口伤亡和财产损失调研成果汇

编》，中共党史出版社，2010年

平湖市史志办公室编：《平湖市抗战时期人口伤亡和财产损失调研成果汇编》，中共党史出版社，2010年

海盐县史志办公室编：《海盐县抗战时期人口伤亡和财产损失调研成果汇编》，中共党史出版社，2010年

海宁市史志办公室编：《海宁市抗战时期人口伤亡和财产损失实录》，中共党史出版社，2010年，2010年

中共桐乡市委党史研究室编：《桐乡市抗战时期人口伤亡和财产损失调研成果汇编》，中共党史出版社，2010年

嘉兴市政协学习和文史资料委员会编：《嘉兴文史汇编》，当代中国出版社，2011年

嘉兴市地方志编纂委员会编：《嘉兴市志》，中国书籍出版社，1997年

嘉善县志编纂委员会编：《嘉善县志》，三联书店，1995年

平湖县志编纂委员会编：《平湖县志》，上海人民出版社，1993年

海盐县志编纂委员会编：《海盐县志》，浙江人民出版社，1992年

海宁市志编纂委员会编：《海宁市志》，汉语大词典出版社，1995年

桐乡市《桐乡县志》编纂委员会编：《桐乡县志》，上海书店出版社，1996年

海宁市水利志编纂委员会编：《海宁市水利志》，方志出版社，1998年

张宪文主编：《中国抗日战争史(1931-1945年)》，南京大学出版社，2001年

日本防卫厅防卫研究所战史室著，齐福霖译：《中国事变陆军作战史》第1卷，中华书局，1981年

台北史政编译局编：《抗日战史——淞沪会战》，1980-1982年

张宪文主编：《南京大屠杀史料集》，江苏人民出版社，2005-2010年

余子道等撰：《汪伪政权全史》，上海人民出版社，2006年

楼子芳主编：《浙江抗日战争史》，杭州大学出版社，1995年

张根福、岳钦韬撰：《抗战时期浙江省社会变迁研究》，上海人民出版社，2009年

浙江省委党史研究室编：《浙江省抗日战争时期人口伤亡和财产损失》，中共党史出版社，2014年

(日)町尻部隊本部戰史編纂班編：《第六師團轉戰實話(南京篇)》，1940年

(日)南京戦史編集委員会编：《南京戦史資料集》，偕行社，1989、1993年

(日) 浅田喬二编：《日本帝国主義下の中国——中国占領地経済の研究》，楽游書房，1981年